体育教学的理念与方法研究

刘 秦 ◎ 著

吉林出版集团股份有限公司

图书在版编目（CIP）数据

体育教学的理念与方法研究 / 刘秦著. — 长春：吉林出版集团股份有限公司，2022.9
ISBN 978-7-5731-2176-9

Ⅰ. ①体… Ⅱ. ①刘… Ⅲ. ①体育教学－教学研究 Ⅳ. ①G807.01

中国版本图书馆 CIP 数据核字 (2022) 第 174518 号

体育教学的理念与方法研究

著　　者	刘　秦
责任编辑	王　平
封面设计	林　吉
开　　本	787mm×1092mm　　1/16
字　　数	230 千
印　　张	11
版　　次	2022 年 9 月第 1 版
印　　次	2022 年 9 月第 1 次印刷
出版发行	吉林出版集团股份有限公司
电　　话	总编办：010-63109269
	发行部：010-63109269
印　　刷	廊坊市广阳区九洲印刷厂

ISBN 978-7-5731-2176-9　　　　　　　　　　定价：68.00 元

版权所有　侵权必究

前　言

我国的体育教材过于偏向理论性内容，而忽视运动技能的部分，这对于学生尤其是课余时间相对充足的高校学生而言是不利于他们的体育学习的。体育理论的重要性是不言而喻的，但过多的理论学习往往会打消学生学习的积极性，影响教师的授课质量。由此出现了很多教材被废置不用的现象。

教学内容以传授体育竞技内容为主，缺乏创新意识，不敢引进新的教学内容。现在国家大力提倡的广场舞运动，如果能够走进校园，使学校体育与社会体育相结合，对于丰富体育教学的内容，提升课堂趣味性效果显著。

体育教学课程内容设置要符合现代学生的心理以及教育规律需求，适应学生身心健康的发展，体现出学生的个人兴趣的特点，努力符合学生的体能需要；要使学生认识到终生健康教育、体育知识教育以及终身体育的必要性，逐步增强体育教学的实用性。要注重体育理论知识与体育实践有效搭配，注重对现代教学内容与传统教学内容的科学搭配，教师应对体育教学内容加强思考与研究，根据体育教学的目标合理取舍、组合以及优化。体育教学内容应当以传统的书本教材为基础，再对当前教学内容进行拓展、延伸，使学生体育练、学的内容生活化。

摒弃单一模式组训、单一形式授课的传统的教学模式，逐步建立体能分班、俱乐部教学、选项课、专项课等多样化教学模式的教学体系，高度重视教学方法与教学形式的创新，积极的探索出符合学生特点、个性发展要求、便于提高学生身体素质的教学机制，逐步激发学生的参与体育热情以及教师的体育研教的热情；重视在体育教学中的应用新的科技手段，增强体育教学的可操作性和直观性。

评估考核体系的创建是变革传统的达标成绩和单一的技评等量化的考核方法。科学评估考核体系的构建是要做到对大众学生的真实水平的一个准确测评，同时又要注重有体育特长的学生评测；这样既注重教学考核的结果，又注重教学的过程，使得体育考核公正客观。坚持身心发展第一、培养运动和兴趣习惯统一、健康第一的体育教学方向，针对不同的学生群体，分立制定合理的评测考核方案，从体育态度与兴趣、体育知识技能、运动和体能素质等各方面对学生进行考核。只有这样，才能做到体育考核调动学生的积极性，真实反映学生的水平。

目 录

第一章 体育教学概述 …………………………………………………… 1
 第一节 体育教学的概念和性质 ………………………………………… 1
 第二节 体育教学的特点和功能 ………………………………………… 4
 第三节 体育教学的原则和规律 ………………………………………… 10
 第四节 体育教学的结构和原理 ………………………………………… 21

第二章 体育教学内容现状和发展特征 ………………………………… 29
 第一节 体育教学内容的概念和基本理论 ……………………………… 29
 第二节 我国体育教学内容的现状 ……………………………………… 37
 第三节 对体育教学内容的一些初步认识 ……………………………… 41
 第四节 我国体育教学内容存在的问题及分析 ………………………… 51
 第五节 我国体育教学内容的发展特征 ………………………………… 54

第三章 体育教学设计理念 ……………………………………………… 58
 第一节 体育教学设计的基本理论 ……………………………………… 58
 第二节 体育教学设计的现状 …………………………………………… 65
 第三节 体育教学设计的改革与发展 …………………………………… 69

第四章 体育教学模式 …………………………………………………… 82
 第一节 体育教学模式的基本理论 ……………………………………… 82
 第二节 体育教学中典型的教学模式 …………………………………… 87
 第三节 新型体育教学模式的构建和运用 ……………………………… 110

第五章 民族传统体育教学理念 ………………………………………… 131
 第一节 少数民族传统体育教学的意义 ………………………………… 131
 第二节 民族传统体育教学对学生的影响 ……………………………… 133

第三节	网络化的少数民族传统体育教学	137
第四节	学校民族传统体育教学内容	143

第六章　民族传统体育教学方法　148

第一节	文化传承下民族传统体育教学	148
第二节	人文视野下民族传统体育教学	151
第三节	高校地域性民族传统体育教学	154
第四节	人文精神培育下的民族传统体育教学	158
第五节	民族传统体育教学资源的开发与利用	162
第六节	国际化人才培养下民族传统体育教学	165

参考文献　169

第一章 体育教学概述

第一节 体育教学的概念和性质

一、体育教学的概念

（一）教学的概念

为了更好地理解体育教学的概念，首先可以先对教学的概念进行分析。总的来看，对教学的概念的理解可以分为广义和狭义两个方面。

从广义的角度来看，教学是一种在某种特定形式下开展的教育活动。在这一活动中，负责传授某种知识或特定技能的教学者对受教者进行教育，以期让受教者获得这种知识或技能的活动。其中的教学者可以是教育者，也可以是某种知识的掌握者，所教授的内容可以是一种知识，也可以是某种技能。

从狭义的角度来看，教学是指单纯的学校教学，它由教师和学生两个教学主体协作完成，是以特定文化为对象的教与学相统的活动。在教学活动中，教师扮演着组织者和指导者的角色。在新时期，有关教学的基本观念是，教学是教与学的统一，教融入学中，而学有教的组织引导。

通过对教学两个方面的概念理解之后，基本可以总结出教学的概念为其是在教育目的的规范下，教师的教与学生的学共同组成的一种教育活动。

（二）体育教学的概念

在分析了教学概念之后，再将其与体育相结合，就基本能够认定体育教学的概念。由此可见，体育教学与教学有着很多相似的地方，它也是一种有目的、有计划、有组织地对学生传授知识和技能，发展智力和体力，培养品德和形成个性的教育过程。只不过其教学的内容为体育相关知识与技能，当然教学方法也与其他学科的教学方法有所不同。

体育教学并不是一种随意的、随心而行的教学活动，更不是完全的做游戏和娱乐活动，它需要很多要素的构成才可以正常、合理、科学地开展。一般来说，体育教学主要由以下八个基本因素组成。

1. 学生

学生是体育教学的主体之一，没有学生就不存在体育教学，没有学生就没有组织教学。总之，学生是体育教学中的主体因素，也是最活跃的因素。

2. 教师

教师是体育教学的主体之一，没有教师不可能存在体育教学，没有教师就没有体育教学中的"指导和组织者"。在现代体育教学中，体育教师已经不再是过去那种课程的忠诚执行者角色，而是在完成现有课程教学的基础上还要成为体育课程的建设者和开发者。

3. 教学环境

教学环境是支持体育教学顺利开展的各种软件、硬件条件的综合。良好的教学环境对体育教学起着积极的影响。体育教学中对于一些运动项目的教学对场地条件和设施有着不低的要求，相比其他学科的教学来说，体育教学对教学环境的要求更高。

4. 教学目标

教学目标是教师开展体育教学的基本依据，体育教学没有了目标就变成了无头苍蝇，难以获得向前发展。在体育教学实践中具有多层次的体育教学目标，它们是体育教学中的定向和评价因素。

5. 教学内容

教学内容是由内容的实体（课程）和内容的载体（教科书）共同组成的，它们是体育教师根据社会的要求、学科的体系和学生的需要选编出来的。没有教学内容，体育教学就显得空洞化了。

6. 教学过程

教学过程是教学的最中心因素，没有了体育教学过程，体育教学也就没有了时间和程序上的支撑，因此也就无从谈起教学的组织和管理。

7. 教学方法

教学方法与目标、教师、学生等因素有着密切的关系，它是教师根据教学目标和学生的学习情况所选择的有效的教学技术和手段，其中包含为帮助学生理解学习内容的各种信息及其传递方式。

8. 教学评价

教学评价与教学目标、教师之间有着密切的关系，它是教师根据具体的教学目标制定出的各种评价、考核指标,这些指标既包括教师的教学工作,也包括学生的学习情况。

综上所述,便可以总结归纳出体育教学的概念,即是指在学校教育中,由体育教师和学生协同完成的以传授体育知识和体育技能为手段,以增进学生身心健康,提高身体活动能力、自然和社会环境适应能力,培养良好的思想品德,促进个性发展为目标的教育过程。

二、体育教学的性质

在了解了体育教学概念后,就要对其另一项基本知识进行研究,这就是关于体育教学性质的问题事物的性质是与其他事物区分的最明显差异。性质不同的两种事物其带来的表象自然有一定的区别。就体育教学来说,正是因为它本身所具有的体育教学性质,才能明显区别于包括数学、语文、英语、艺术等其他学科。

因此,通过归纳可以找到体育教学的诸多特征,如它的教学地点多为户外;教学中师生都要承受一定运动负荷与心理负荷;教学过程是身体活动与思维活动的结合,并且还有比较频繁的人际交往;体育教学侧重于发展学生身体时空感觉以及运动智力;教学更加关注学生自我操作与体验等。

在体育教学活动中,最重要的一个形式就是对运动技能的教学,它是体育育人的主要方式。而对于运动技能的传授也是体育教学与其他学科教学的主要区别之一。仔细来看,运动技能的形成要经历几个步骤才能最终实现,具体包括动作的认知阶段、联系阶段与完善阶段。在认知阶段中,学生与知识、技能之间的联系最为密切,它的主要目的就是学生对所学技能的结构、要素、关系、力量、速度等要素进行表象化的认识。由于运动技术是学生完成动作的方法,因此可以认为运动技术不具有人的特性,而只是作为一种"知识",或称为"操作性知识"。

综上所述可以断定,体育教学的本质应该是一种针对运动技术和知识的教学。当学生学会了运动知识并将之转化为运动技能后,体育教学的本质就达成了。当然,体育教学活动地点大多在户外的条件也是区别于体育教学与其他教学的特征之一,但现代体育教学场所通常在室内的场馆也非常多见,如果坚持把"户外"作为条件之一,未免有些不严谨和片面。

第二节 体育教学的特点和功能

一、体育教学的特点

体育教学与其他学科教学有许多相似的特点，它们的共性在于都属于教师与学生的双边活动，这是所有教学活动的共性，教师与学生在教学活动中发生的各种形式的交流都非常频繁，如语言上的交流和肢体动作的交流等。过往这种交流更多的是从教师向学生的方向，现代教学同样也注重使这种交流从学生向教师的方向，不过教学仍旧依靠教师对学生在某种知识和技能方面的传授。其次，以班级为单位开展教学活动也是共性，只不过有些时候这个班级的组成方式会根据不同需要有不同的编排，如可以根据基础的自然班，或是根据学生的不同兴趣组成的体育教学班等。最后，体育教学与其他学科教学的目的都是一样的，即都是为了传授某种知识或技能。

参加体育活动对于学生身心发展具有很好的作用，特别是对正处在身体发育旺盛期的青少年及儿童来说有更加重要的意义在结合体育教学的性质后，可以把体育教学独有的特点归纳为以下几点：

（一）教学过程的直观性

体育教学过程拥有直观性特点。这种直观性有多种体现，如体育教师对体育教学内容的教授除了要达到与其他学科教师讲解要求一致外，还要求体育教师的语言更加生动，并且还要富有定的肢体表现能力，以使学生有形象、贴切、有趣的感觉。在某些拥有较难技术动作的体育运动教学中，教师一方面要把传授的重点进行艺术性的描述，另一方面还要用生动的语言、巧妙解释方法把复杂的技术动作简单化，提升学生对学习成功的自信心加深学生对教学内容的感知。

实际上，体育教学过程中的每一项内容都具有直观性特点。除刚才说到的课堂讲解，在实践演示中也是如此。在教师运用示范法时，需要运用非常直观形象的动作示范，其中包括正确动作的演示和错误动作的演示，这些演示都是非常直观地展现在学生眼前，并没有一丝做作。这样才会使学生从感官上直接感知动作的正确与错误，以利于他们建立正确的、清晰的运动表象。当学生获得正确表象后，才能使之与思维结合起来，从而达到掌握体育知识、技术和技能的目的，同时，还发展了自身的观察能力和形象思维能力。

从体育教学组织与管理过程方面，也能够看到直观性的特点。鉴于教学过程的直观性，教师的行为也应该带有直观性，如要更加富有责任心、为人师表、德高望重，这对学生的身心也是种无形的教育。另外，直观性特点使得学生在课堂的表现都是最真实的、最直接的，任何伪装在体育教学活动中都是毫无意义的因此，学生在教学中表现出来的言行都是他们最为真实的一面而这就非常有利于体育教师对学生的观察与帮助，有利于教师获得正确的教学反馈。

（二）体育知识的传承性

体育是以身体锻炼为主要形式的教育活动。如果从教与学的角度来说，可以将体育知识形容成一种"身体的知识"。这种知识伴随着人类的发展而发展，在不同时期都有它的发展形势，如在原始社会，身体的知识就是人类通过走、跑、跳、投、打等动作捕获猎物或逃避猛兽的追捕等行为。而在现代社会中，体育知识的传承内容变成了某项体育运动或体育技能，如足球、篮球、排球、乒乓球、游泳、田径和武术等专项运动技能。

现代教育越发注重教学过程中学生的主体性作用和"以人为本"的教育理念。人们对这种理念的追求使得人类自我知识的归不仅代表了体育教学的特殊性，还给予了体育教学知识传承的特殊意义。从这个层面来看，这种体育教学所传承下来的体育知识已经超越了简单的模仿行为，而将更多的相关文化也融入其中。这些体育文化才是体育运动、体育教学等获得长久传承的动力和灵魂。

（三）身体活动的常态性

体育教学与其他学科教学的最大不同就在于在体育教学过程中充满了对身体活动的要求。在体育教学中，几乎所有内容都涉及身体活动，或者是为即将到来的身体活动做准备的活动，就是对作为"身体知识"的体育教学的最好诠释。在体育教学过程中，不仅是学生要进行具有一定运动负荷的运动外，教师在做示范、做指导和参与到组队教学赛中也需要付出不少体力。所以体育教学身体活动常态性的特点不止针对学生，它包括所有体育教学主体。

由此可见，在体育课堂教学过程中，教师与学生的身体操练非常频繁，这种几乎与常态化的特点成为体育教学非常显著的特点。与之相比，其他学科的教学必须要在教室（实验室、多功能厅）进行，且要保持相对的安静，这样才能激发学生的思维并产生很好的学习效果。而体育教学却刚好与之相反，其教学的地点多为户外或专用运动场馆，普遍较为宽阔，而且在大多数时间的运动技术练习环节并不需要可以保持安静，学生之间、学生与教师之间都可以随时有相关的交流和沟通，如此才更有利于对运动技术的学习。

（四）身体与心理统一性

在许多人的概念中，身体与心理是两种不同的事物，彼此间并没有很多的交集。实则不然，现代科学研究发现，身体健康有助于改善心理健康，而心理健康与否也可以影响身体健康。另外有一种观点认为开朗的人热爱体育运动，而事实上则是因为人参加了体育运动，才开始变得开朗、阳光的。这就是典型的运动改变心理的事例。因此，在体育教学活动中就充满了身体与心理统的特点

体育教学在乎对人身体的改造，与此同时它还强化人的心理与多种适应能力的发展。而在其他学科的教学中便无法达到这样的效果，这主要在于体育教学营造了不同种类的教学情境，这种情境表现出了十足的阳光、生动、积极、外露以及直观的感觉。一系列积极的情境使得参与其中的人在潜移默化中受到感染，以此为学生的心理与社会适应能力的健康发展提供了良好的环境。

由此可以说，在体育教学中，人的身心发展看似是多元的，但实际上在过程中是一种一元化的锻炼，即达到身体与心理的共同拓展和发展，表现出十足的统一性。身体发展是基础，心理发展依赖于身体的发展而存在，心理的发展同时促进身体的发展。具体来看，在体育教学中人的身体与心理的统一性主要体现在以下两个方面。

1. 体育教学的教材内容选择要注重身体与心理统一

体育教学内容是体育教学活动的依据。教学内容的好坏将直接影响教学效果。因此，为了体现出体育教学身心统一的特点，首先就要从教材选择环节开始，也就是说，选择的教学内容要对学生身体各部分、各种运动能力和各种身体素质的积极影响，而且要注重教材对学生心理及其社会适应力的影响，所选教材的编排要符合该年龄段学生的心理特点，除此之外，还要满足其美学、社会学等其他方面的要求。

2. 体育教师选择的教学方法要注重身心统一

由于与其他学科教学相比增加了更多的内容，因此，相应地，体育教学的方法也就更加丰富。选择体育教学方法主要是由体育教师进行的，为了使体育教学保有身心统一的特点，体育教学方法的选择就要关注到这方面的内容。通常为了体现这一特点，体育教师选择的教学方法都要遵循与学生年龄段相适应的身心变化规律，使学生在经常进行的体育教学活动中学习到正确的体育技术和技能，学生掌握这些技能的成长曲线并不是一路上涨的，而是有忽高忽低、忽快忽慢的过程和起伏。另外，体育教学方法的选择还应符合学生的心理特点和年龄特点。与对体育技能学习的规律相似的是，学生在接受教学的同时其心理活动也呈现出波浪式起伏的曲线现象。这种生理、心理负荷波浪式的曲线变化规律，体现了体育教学鲜明的节奏性和身心的和谐、统一性。因此，要想选择正确的、适合学生身心发展的体育教学方法，体育教师就必须根据学

生的这些诸多身心特点安排，如此才能在促进学生身体发展的同时，有效激发学生的积极性和兴趣爱好，更有效地发挥体育教学的功能。而根据不同阶段学生的身心特点选择恰当的教学方法也是评判一位体育教师综合水平的重要依据之一。

（五）教学内涵的优美性

体育教学内容是非常丰富的，它会涉及多种与体育相关的内容，不仅仅限于球类运动、游泳、田径，还包括如体育舞蹈、瑜伽等内容。通过对这些内容的学习，学生可以普遍从中体会到源自体育的丰富情感，这种情感几乎都从"美"中而来。

体育教学内容丰富的情感性首先体现在体育教学过程中，师生可以体会到只有体育才能赋予人的人体美和运动美。学生通过接受体育教学，掌握体育健身的方法和技能，以此达到运动塑身的效果，使身体外在形态保持优美的线条和良好的身材比例同时，在运动中，可以看到人体不同的动作展现出的动作美和肌肉的动态美，这种美只有在运动中才能看到，是极为外显的美在内在精神方面，体育教学也蕴含着"美"的元素，如学生为了争取比赛的胜利而表现出的不畏强敌、奋勇争先的精神；在关键时刻始终保持冷静的心态，或是在运动过程中表现出谦虚、文明和有道德的风度等。

既然有美的存在，那么就要有欣赏美的人和能够欣赏美，懂得如何欣赏美的能力。每一项运动都向人们表现出了不同的美的特点和审美特征，如球类运动可以表现个人对球类技术的掌握能力，集体球类项目中除了个人能力外，还包含了与队友之间的协作和互助精神。这些内容都是人类积累下来的体育知识与技能，体育教师通过科学的概括和提炼，将其精髓传授给学生，意在使学生也能感受到体育中蕴含的美，并学着去享受它、感悟它体育之美首先给人的最大作用就是陶冶情操，平衡人们的心理状态。其次，体育教学是一种创造性的社会活动，其创造的成果就是让学生获得内在的顿悟和精神上的启迪。同时，体育教学中教师和学生之间有一条无形的通道联系着，构成了教与学的系统。教师在传授知识的过程中，伴随着师生间丰富而真诚的情感交流。

（六）客观条件的制约性

正是因为体育教学涉及的内容较多，再加上与之相关的构成要素也同样较多的缘故，也就使得体育教学会受到更多客观条件的制约，而这也是体育教学不同于其他学科教学的一大特点具体来说，体育教学活动受到的制约主要如体育教学场地条件、器材、气候、学生运动基础、学生其他基本情况(年龄、性别、生理和心理特点)等。这些因素都会影响体育教学质量的高低。

学生是体育教学的主体之一，是体育知识与技能传授的受众。从这个角度来看，学生的诸多情况会对教学本身造成一些影响，因此体育教学要想进行得顺利，获得良好的教学就要注重在学生的运动基础方面以及体质强弱等实际情况的区别对待。这些差异具体如男生与女生不同的身体形态、机能水平、运动能力等，根据这些差异，学校体育教育部门和体育教师在进行教学设计、教材选择和教学组织等方面的制定时就要充分考虑周全，否则不仅不能达到预期的教学效果，还可能会增加体育教学的风险。

体育教学环境是体育教学的场所。作为重要的教学载体，体育教学环境质量的高低对体育教学会产生较大影响。通过几个事例就可以很好地说明这个问题，如经常在室外开展的体育教学，如果面临的是严重的空气污染，或邻近马路带来的噪声污染则势必会影响体育教学主体在教学活动中的状态与情绪；天气对于室外体育教学的影响也是不能忽视的，这点在早年间越发明显，如遇到雨、雪、大风等恶劣天气时，体育教学被迫停止，转而来到室内进行一些体育理论课的教学，如此势必影响体育实践课的教学计划顺利展开

综上所述，在诸多客观条件的制约下，为摆脱不利条件的影响，体育教师就要从学年的体育教学计划到具体课时计划，从教材内容选择到教学组织方法实施都必须考虑到这些客观实际与影响因素，尽量将制约因素的影响程度降至最低，提高体育教学的质量与效果。

二、体育教学的功能

（一）促进身体发展的功能

学生亲身参与体育运动实践在体育教学活动中是必不可少的。而既然参与运动实践，就必然会使身体承受一定量的运动负荷。为保证学生身体的健康，运动负荷强度需要由体育教师酌情掌控。

合理的运动负荷对发展学生身体素质有极大的帮助，它对学生的机体或多或少会产生一定的刺激与影响，其影响的程度要视运动项目的内容、学生身体素质、持续运动的时间、运动间隙时间、营养补充等状态而定。而不同运动项目对身体的锻炼重点也有很多区别，如足球运动对人体的耐力、爆发力、速度和灵敏度有着较高要求；游泳对人体心肺功能和协调能力有较高要求等。由此认定体育教学具有促进身体素质发展的功能是毋庸置疑的但同时也要注意的是，如果运动负荷过大，那么体育运动不仅对身体健康没有好处，反而会伤害学生的机体。为了把握合理的运动负荷，就需要体育教师在制订教学计划前就要对学生的普遍体质与运动基础有一个基本清晰的认识。因此，从体育教学影响身体功能的角度而言，要有效发挥体育教学健身功效，必须遵循体育教学的规律，运用科学的教法与组织形式，才能达到预期的效果。

（二）促进心理健康的功能

世界卫生组织确定的现代健康新标准中明确认定了心理健康也是评定人体健康的指标之一，我国自古也有"身心合一"的理论。经过长期的实践发现，体育教学在对学生身体产生积极影响的同时也会对学生的心理与思想产生影响，这方面的影响与其他学科既有共性，也有差异性。体育教学促进心理健康的功能主要是通过教师传授来实现的，因为教师的一言一行无时无刻不影响着学生的思想，因此，教师必须身体力行、为人师表，为学生做出表率与榜样。这些行为都是在潜移默化中进行的，而不是安排几堂心理辅导课。教学更为重要的作用是传授各种人类社会的道德、规范与理念，这是学生走向社会之前的必学内容。

具体来说，体育教学对学生心理的影响主要包括个人心理与团体心理两个方面。

从个人心理方面看，体育活动一方面可以缓解学生的学习压力；另一方面，参与体育运动就要频繁地面对成功与失败，其中失败和挫折的次数远远多于成功。由此可以培养学生在逆境中正确处理心态的能力，作为胜利者也要做到戒骄戒躁，只有具备这样的素质，才能再接再厉，取得成功。

从团体心理方面看，学生作为体育运动团队中的一员，需要处理好个人利益与集体利益的关系，应抱有克服一己私欲，顾全大局的思维行事。

（三）提升社会适应的功能

现代社会的发展速度非常迅速，这使得人们稍有停留便会被潮流所抛弃。对于青年来说，紧跟社会潮流，并且在跨入社会后能够与之较好地融合、适应是非常关键的。这是体现人的软实力的标准之一。在体育教学中，学生之间的交往具有特殊性、外显性与频繁性，学生在多样的体育活动中会产生多种身体之间的交流，交流的同时也传播着各种体育竞赛的规则，竞赛规则就好似社会规则，需要人人自觉遵守。由此可以说，体育教学环境就像是一个微缩化的社会，这个社会赋予了学生之间需要遵循的各种规则与准则。若不遵循，必然受到惩罚；若表现突出，则得到表扬称赞。执行这个法则的人就是教师。因此，教师必须公正，才能对学生产生良好的影响，培养学生良好的体育道德规范，进而培养学生适应未来社会的各种道德规范与做人理念。

（四）传授运动技术的功能

在远古时期，运动技能就等同于生存技能。那时的人类通过走、跑、跳、投、打等行为捕猎和采摘，已获得生存的能量。而现代社会早已物质丰盛，对于人体的要求就不再像过去那样严格。现代运动技术也演变为了丰富的体育运动技术，如球类、武术、田径和游泳等。科学研究表明，适当参加体育运动对人的身心素质提升均有较大帮助。

最终，体育教学就成为传授这些运动技术的最好方式。

从具体的实践角度来分析，学生们每周都要参加的体育课堂就是体育教学的最小单位，体育课堂的基本活动过程就是体育教师以体育教学内容为依据对学生传授体育知识与相关技能的双向信息传送活动。因此，运动技术就成为体育教学的主要内容也是重要内容。运动技术不同于其他学科的学习，它不仅需要学生对运动理论有深刻的了解，还要身体力行地亲身参与技术练习，在无数次的重复中逐渐在脑中和身体上建立起对技术的表象反应，最终到熟悉动作以及可以在下意识的情况下做出正确的动作。因此，对于运动技能的训练，没有实践就无法学会。

对于运动技术的传授，体育教师是关键。作为运动技术的掌握者和传播者，教师在体育课中传习的是各项具体运动技术，如足球运动中的传球技术，甚至可以细分到内脚背传球技术。其他运动项目的技术传授也可以依此类推。体育教师对运动技术的传授通常都会从简单的、入门的、基础的入手，在此之后逐渐积累，循序渐进，只有从小的运动技术学起，才能积少成多，掌握整个运动项目的技术。

（五）传承体育文化的功能

体育教学并不仅是简单地对于体育运动技能和相关知识的传授活动，这些只是表面上的行为，而体育教学真正的目的在于教会学生正确的体育运动方法使其能在未来的生活中对其身心产生持续的良好的影响，更在于一种体育文化的传承。

从体育教学的系统结构视角出发，体育教学是由每周二至三次的体育课组合而生的一种贯穿全年的教学计划。其中根据教学周期的不同可以分为课程教学、周教学、学期教学和学年教学。比学年教学周期更长的就是小学体育教学、初中体育教学、高中体育教学和高校体育教学。

从单一一堂体育教学课的视角出发，可以把体育课中传习的各种小的运动技术累加起来，学生学到的是某个运动项目的完整技术，继续累加，就学到了各种运动技能。

综合两种视角，使得学生通过不同阶段的体育教学，学习到较为完整的运动知识、运动文化，掌握各种运动技能，从而实现体育教学传承体育文化的功能。

第三节 体育教学的原则和规律

一、体育教学的原则

原则，即人们说话办事依据的准则和标准。教学原则，则是根据各种不同的教学因素，把同类性质的因素加以科学的抽象和概括而形成原则(直观性原则、自觉性原则和教育性原则等)。体育教学原则，是体育教学过程客观规律的反映，是在长期的体育教学实践中，积累起来的，具有普遍意义的经验的总结和概括，是体育教师进行教学工作必须遵循的准则。体育教学原则其他的原则不同。同样，体育教学与其他的教学也不等同。二者最根本的不同在于体育教学突出认识和实践。从而得出，认识和实践的有机统一是体育教学区别于其他教学过程的根本特征。然而最终的目的是，希望教师合理的运用体育教学原则，从而促进学生的身心健康全面发展。

（一）中国的体育教学原则

体育教学原则在各个不同时期均有不同的发展，不同的国家，体育教学原则略有不同，然而，大体上又一致认同。经查阅文献得知从1981年体育院、系教材编审委员会编写的5体育理论6教材中，提出了七项教学原则中国的体育教学原则一般有：自觉积极性原则、直观性原则、从实际出发原则、循序渐进原则、全体全面发展原则、合理的运动负荷原则、巩固提高原则。但是，随着社会的不断发展，教育学、心理学、社会学、教学论、方法论及体育科学的发展，人们对体育教学原则的认识不断加深，体育教学原则体系的研究形成多种不同的思想观念。体育教学原则不是仅仅局限在以上其中原则上，但是也并不是不赞同中国的体育教学原则。现在也是对我国在体育教学原则体系的基础上进行逐步完善，对教学实践过程的指导也越来越科学。蒋新国在《我国体育教学原则的历史演变》的论文中阐述了体育教学原则各个不同时期的完善和发展。指出了体育教学原则不再是仅仅的重视体育教学的学科性、健身性和思想性，而是开始关心学生身心健康的全面发展和人文精神的培养。然而，这也是受当时学校体育指导思想和对体育教学规律认识影响的必然结果。

（二）体育教学原则的运用

体育教学原则保证体育教学的顺利进行，所有的教学原则相辅相成。

1.直观性原则

对于直观性教学，要求教师给予学生一个正确的直观概念。教师应抓住重点，生动形象、语言简短明了地进行讲解，可以让学生反复地进行一个动作的练习，使学生的感觉器官建立暂时的神经联系，形成正确的动作定型。比如在练习太极的过程中，太极"抱球"的手势，将这一动作传授给学生，使手掌的五指分开假设双手之间抱着一个球，我们可以运用到这一原则。对小学生而言，其模仿力较强，对这一原则，是最为有效的原则之一。

2.巩固性教学原则

这一原则，有助于学生动作的熟练和形成更加标准的动作。目的就是能多加练习，形成一种肌肉记忆一样，再到熟能生巧。比方，在篮球运动项目中，学习篮球运球、急停、转身、传接球时，为了巩固转身这个动作，可以把急停、转身、传球贯穿进去。三天不练手生，如在网球教学中，长时间不练网球发球，随之抛球的稳定性、发球的成功率均会下降，此时就需要多加练习进行巩固，这一原则尤其是对刚接触项目的学生而言，巩固练习，形成正确的技术动作。

3. 合理的运动负荷原则

这一原则要求教师在上课期间根据教材的特点、教学条件、考虑学生的实际情况、合理的安排教学内容。使学生不仅能更好地掌握技能还能促进其身体的健康发展。教师合理的安排运动量和运动强度。通俗来讲，这里的运动量与运动强度并不是同一概念，运动量指的是次数、组数、重量时间等，而运动强度指的是完成练习的所用的力量的大小，比如负重的重量、跳的高度、跑的距离等，合理的安排运动量与运动强度，量大则运动强度小，运动强度太大，则相应减少运动量。保证在学生承受最大疲劳限度的情况下根据实际情况来合理安排。

4. 循序渐进原则

循序渐进原则，从字面就表现出由简到难、由一般到复杂的过程。逐步进行，不断提高。比方网球的正手击球，首先要从握拍开始，到准备姿势，到引拍上步，再到挥拍，再到准备姿势这样一个完整的过程，练习者开始可以做无球的动作练习，再做有球的原地击球动作练习，最后再做有球移动的动作练习，这样逐一练系，逐步进步。

5. 启发式教学原则

采用启发式教学可提高学生学习的积极性，调动学生的积极思维，加深学生理解和认识、牢记动作、少出现反复。启发学生主动去思考去领悟。比方在排球发球的教学中，通过生活当中甩鞭子的一个动作，启发学生做发球动作时一次用力地发力顺序，或将其用于标枪等投掷项目当中，使学生能够举一反三，培养学生自学的能力。运用启发性原则，开发学生智能，调动了学生学习的积极性，科学地进行训练，取得事半功倍的效果。

此外，教学原则还有因材施教原则、超负荷原则、恢复原则等等，无论哪一种体育教学原则，目的都是从学生的根本利益出发，提高学生的身体素质，促进学生的健康发展。

体育教学原则体系将随着社会的不断发展、教育学、心理学等相关学科的发展也随之不断发展。近年来，随着新课改不断深入开展，一套套新的体育教育原则不断运用而生。目前，我国有关新课程与体育教学原则创新的研究还有限，基础教育体育（与健康）课程的改革与发展滞后，我们应取其精华，去其糟粕，把体育教学原则通俗地贯穿到教学中去，使学生容易接受、理解，达到自觉练习的目的，开发学生智能，提高学生的体能素质，促进学生身心健康全面发展。

二、体育教学规律

体育活动，就是通过各种体育运动小组的活动和比赛，以及参加群体性的体育活动，使受教育者的身体得到多方面的锻炼，增强运动的技能和技巧，提高体育锻炼的兴趣。在我校的体育课教学中，我们着力探索体育教学规律，努力丰富体育课程内涵，体育教育教学取得了一定成效。

（一）探索规律组织体育教学

如何组织好小学体育课的教学工作，更好地为教学服务，是体育教学中的关键问题。

首先，教师要把握体育课自身特点，即通过身体的各种练习，使体力活动与思维活动紧密结合，掌握体育知识、技能和技巧。要遵循体育教学过程的规律，根据教学内容和学生情绪的不同，灵活组织教学。

其次，遵循体育教材特点，组织教学活动。小学体育包括田径、球类、技巧、武术、体操等多种教材，不同的教材有其不同的特性。因此，教师在教学中要善于把握教材特点，挖掘教材潜力，改革传统教学形式，充分调动学生学习主动性和创造性，提高教学效果。

再次，体育教学不仅要遵循体育规律，还要遵循儿童身心发展规律。要根据儿童的生理和心理特点，如有意注意时间短，兴奋过程和无意注意占优势，好奇、好动、好模仿、好竞争等现象来组织教学。

（二）丰富内容推进素质教育

体育教育是素质教育的有机组成部分，体育教育之目的就是通过初步学习和掌握体育的基本知识、基本技术和基本技能，完成锻炼身体、提高思想道德水平的任务，从而有效促进素质教育。

从体育活动的性质上来说，有利于发展学生的特长和才能。学生在活动中自己教育自己，有利于学生自觉地去接受教育，养成良好的纪律和高尚的思想品德。

从体育活动的组织上来说，形式多样，不拘一格，有利于学生的身心发展，有利于培养学生的观察力、思维力、想象力、创造力，有利于提高体育活动质量，提高学生素质。

从体育活动的目标培养上来说，要培养学生"三种意识"、"四种能力"。所谓"三种意识"就是培养学生的参与意识、实践意识和竞争意识。"四种能力"就是观察力、注意力、记忆力、想象力。

（三）体育课渗透爱国主义教育

一是通过体育教学活动培养学生的集体意识，增强爱国热情。由于体育教学的特殊性和组织方式的多变性，容易导致集体与集体，个人与集体的频繁接触，学生对集体间的竞争和对抗，胜与负比较敏感，情感流露比较真实。根据这个特点，我们积极帮助和引导学生树立正确的集体观念，正确对待个人与集体，集体与集体之间的关系，培养团结协作，互相配合的集体主义精神。

二是联系相关事物，引申教育内容。针对小学体育教材思想性不明显的情况，我们通过引申教学内容，来加强爱国主义教育。如，在"快速跑"这一教学内容中，我们融入了"时间"概念。教师通过开动手中的秒表，把分分秒秒报给学生听，让学生体会时间和空间印象，然后将时间所包含的经济、文化等价值和学生分享，即通过珍惜时间，给国家创造财富，培养学生的时间观念。以此来培养学生兴趣，丰富学生知识，激发学生的爱国热情。

（四）体育教学风格形成的基本规律

所谓教学风格，是指教师根据各自的优势、特长，结合教学的具体情况，经常采用的一整套个性化的独特教法，以追求最佳的教学效果为目标。在体育教学中，形成独特的个体特征教学风格，是体育教师进入高层次教学境界的重要标志。它对学生学习态度的形成、个性特征的培养、学习氛围的创建、合作精神的养成等都有积极的作用。教学风格是体育教师在创造性劳动中逐步建立起来的"独特教学模式"，在建立的过程中既能体现出教师的教学思想、教学意识、教学技巧等内在的东西，又能表现出教学的教学行为、教学形式、教学效果等外部的特征。本节对体育教学风格形成的规律进行研究，旨在为提高教学效果提供参考。

1. 体育教学风格的基本特点

（1）突出个体性。

体育教师的个性心理特征对教学风格有直接影响。如偏于多血质气质类型的教师，情感丰富，教态亲切，善于启发诱导学生，教学中反应敏锐，方法多样，因此，可以称谓"民主型"教学风格；北京王仲生老师的"以心导教，心动身随"具有这个特点。偏于胆汁质气质类型的教师，情感浓烈，作风果断，教学中兴奋性高，富有激情，动作幅度大，感染力强，因此，可以称谓"激情型"教学风格；但当学生练习出现问题时，教师容易表现出急躁发火现象。而黏液质气质类型的教师，一般性情清高，教态稳健，教学中往往含蓄深沉，简洁明了，因此，可以称谓"沉稳型"教学风格。但有时也会降低学生的学习兴趣。作为教师应有意识地发挥自己教学风格上的优势，克服不利因素，从而使个性心理特征与教学风格形成最佳的结合。

（2）追求稳定性。

体育教师的教学风格一旦形成，将有相对稳定的特征。这是由教师的个性心理特征、知识结构、文化素养、工作环境、社会赋予的要求等所决定的。知识结构、文化素养的不同，会直接影响到教师的思维模式、教学理念和治学特征，因而最终会孕育不同的教学风格。教师教学风格的形成应有一个较为宽松的社会环境、有一个良好的研究氛围、有一个灵活的教学空间，只有这样才有助于教师开创性的工作，形成其各自特有的教学风格，克服"高度统一"、"千人一面"的现象。专家们对王仲生、蔡福全老师教学特色的概括，是二位老师几十年的教学经验积累，具有相对的稳定性。稳定的教学风格有助于教师在相对的工作状态下进行教学，有助于学生在一定时期内逐步适应教师的教学风格，较好地理解教学目标，取得最佳教学效果。

（3）实现创造性。

体育教师教学风格的形成，是一个长期实现创造性工作的过程。大量实践经验证明，教师教学风格的形成是有规律可循的，即未有风格、形成风格、打破风格、形成新风格。这种良性循环需要教师创造性地开展研究工作。当然，创造性的研究工作是随着教师教学经验的积累、知识水平的提高、职业要求的深化、学生需求的变化等情况而进行的，往往是自觉与不自觉相结合的。如小学阶段的教学，以养护为主，参与意识和锻炼并重，注重培养兴趣，教学中较偏重引导、游戏形式的教学，因而易创造出"启蒙、生动、亲切"的教学风格。而初中阶段教学，让学生在多种多样的运动条件下能够有意识地去活动，充分体验体育的乐趣。高中阶段教学，偏重于教会学生运用体育手段和方法，进行独立锻炼，进一步培养锻炼习惯。因而易创造出"严谨、规范、民主、生动"的教学风格。

2.体育教学风格形成的过程

（1）模仿阶段。

初为人师，有几个角色需要转换。即由学生向教师的转换、由过去的"学"向现在的"教"的转换、由被动的被人管理向主动的管理别人的转换、由随意的行为向规范的行为转换等。作为青年教师从主观上都有搞好教学工作的良好愿望，但往往又苦于角色转换较慢、教学经验不足，而无法达到预计的教学目标。那么，最直接、最有效的办法就是模仿，模仿老教师的教学风格。一般模仿是从局部开始的，逐渐向全局扩散的，或先是形式的，后是内容的。如当一组好的教法和组织形式被青年教师模仿使用取得明显效果的时候，有心人就会进行一定的反思，分析这种事半功倍所产生的原因；如果套用相同的方法和形式教授不同的内容，也不会产生好的效果，此时一定要分析造成牵强附会的原因。

（2）选择阶段。

青年体育教师在模仿老教师教学风格的基础上，已对不同的教学风格类型有了大致的了解，开始对自己感兴趣的教学风格进行选择。一般来说，青年教师首先选择的是与自己专业或专项相关的教学风格。这样更利于发挥专业特长，反映自我风格特点，体现了"一专"的要求，在以往的毕业生中专业体育院校表现得较为突出。其次是选择与自己专项有一定联系的教学风格，因为学校体育教学的内容很多，只靠专项教学是不够的。按照教学大纲要求，每位体育教师必须对所教授的内容有透彻的理解和掌握。所以要在专项的基础上扩充其他内容，同时必然涉及不同类型的教学风格。随着看课、观摩、分析课、研究课的增多，以及接触不同年龄体育教师的增加，选择的范围也在加宽，以体现"多能"的要求，在以往的毕业生中师范院校体育系表现得较为突出。

（3）定向阶段。

当体育教师对众多教学风格特点有了较为清晰的认识后，还必须找准自己的定位，如何扬长避短的开展教学，逐步形成独特风格是十分重要的。一般讲，可以根据自己的知识结构、文化素养确立教学风格。如知识面较宽的教师，教学讲解中能够旁征博引、挥洒自如，其教学风格必然呈现"洒脱流畅、生动活泼"的特点；而知识结构以专深见长的教师，教学中能层层递进，分析问题如抽丝剥茧，其教学风格也更为"深沉隽永"。也可根据自己的气质类型确立教学风格，气质是个人心理活动的动力特征，这种动力特征主要表现在心理过程的强度、速度、稳定性、灵活性及指向性上，气质对教学风格的确立和形成具有深刻的影响。另外，还可以根据治学领域的特点确立教学风格，治学领域的"土壤"不同，必将培养出各异的"风格之树"。

（4）创新阶段。

体育教师教学风格的形成，实质是一个不断创新的过程。教师的教学风格一经确立，便以一个相对稳定的状态表现出来，但不是一成不变的。教学实践证明，教师教学风格的变化是一种螺旋式的上升。这与教育内涵的扩展、教学内容的更新、学生需求的变化、教师教育理念的提升有密切的关系。其中教师教育理念的提升是最为重要的，只有观念的更新、意识的超前，才可能带来行动的创新。一种教学风格的形成，蕴涵着教师的创新意识、创新思维、创新能力、创新活动等。近年来，全国十城市优秀体育课观摩大会上所展示的优秀课，集中反映了我国中小学体育教学改革的最新成果，代表了广大体育教师的创新活动。

综上所述，体育教学风格是体育教师在创造性劳动中逐步建立起来的"独特教学模式"，在建立的过程中既能体现出教师的教学思想、教学意识、教学技巧等内在的东西，又能表现出教学的教学行为、教学形式、教学效果等外部的特征。体育教师教学风格形成于长期的教学实践，发轫于艰苦的探索，是教学一般规律与个人教学实践相融合的产物，是教学内容与教师灵感的交融升华，是教师个人创造性思维的结晶。教育管理者应善于发现和树立有"独特教学模式"的体育教师，创造性开展工作。

（五）注意规律在体育教学中的运用

在教学中我们常常会遇到学生注意力不集中，它是困扰教学效果的主要因素，学生是否集中注意听课，和教师的讲课有很大关系，优秀的教师一定是课堂上的焦点，他的一言一行能吸引所有学生的注意，使学生在课堂上的心理活动集中指向与他，注意是教师与学生的之间教与学的一个关键的心理活动，有一个磨合过程，这个过程它直接影响着师与生，教与学的默契，也影响着教学质量，学生良好的注意品质是教师在长期的教学训练中培养和发展起来的，利用注意的心理规律上好体育课，传授体育基本知识、基本技术和基本技能是我们教师探索和研究的方向。

1. 运用无意注意的规律组织教学

（1）合理利用刺激物的特点来组织教学。

根据条件反射的强度规律，刺激物在一定限度内的强度越大，越能引起人的注意，课堂上影响学生注意力分散的诱因有很多，一切刺激物都会干扰注意力，我们要正确区分刺激物的良莠，新的教材、讲解的趣味、示范的优美、器材的新鲜感等都会激起学生的良性注意，尽量消除不良刺激物对教学的影响。

（2）采用不同的教学方法，吸引学生的注意。

体育教学不同的教法可以转移学生的兴趣，变换教法能使学生从一个兴趣点转移到另一个兴趣点，持续不断激发学生的兴趣，是吸引学生注意的前提，因此教师在体育教学中充分利用这些条件，启发学生思考，分析动作之间的内在联系，集中学生的注意，便于领会动作要领，掌握运动技能，组织学生身体练习时，还要注意变换方式，可采用竞赛、游戏的形式启发学生学习体育知识技能，调动学生积极性，会收到较好的效果。

（3）利用语言的形象描述，吸引学生的注意。

语言交流是体育教师进行教学和组织学生注意的重要工具，教师讲解时，声音的大小、语速及声调的变化都可以唤起学生的注意，直接影响教学效果，教师的语言要言简意赅、生动形象具有启发性，符合学生接受的能力，语言的鼓励与安抚能很好地帮助学生克服困难和心理障碍，能集中注意，提高学习积极性。

2. 运用有意注意的规律组织教学

课堂上学生有意注意时间的长短，决定课的成功与否，有意注意也称主动注意，它是有目的有意识的直接的自觉的心理活动，只有提高学生的有意注意的能力，才能提高学习锻炼的质量，在组织教学过程中，要求我们教师不但要想着上好课，还要培养学生有意注意的能力。组织教学，集中学生注意力，提高教学效果。

（1）明确体育课学习的目的，提升有意注意的能力。

学生对于为什么要上体育课，为什么要进行运动训练并非深知其目的，因此，教师对学生要经常进行引导教育，使学生明白终身体育有益身体健康，激发学生自觉积极地学好体育，锻炼身体，明确学习目的的教育还必须渗透到日常教学训练中，要求教师在教学的开始阶段就树立学生终身体育有益健康的思想，使之养成稳固的健身习惯，并自觉而为之。

（2）根据学生的兴趣特点，有的放矢。

兴趣是集中注意的重要心理因素，我们教师在教学过程中必须了解学生兴趣发展的各年龄段的兴趣特征，有经验的教师即会重视学生的直接兴趣，又会重视学生的间接兴趣，根据学生不同年龄段心理特点，在教学中引导学生思索及体能对抗的游戏方式，提高学生锻炼的积极性，还可以编一些通俗易懂简单易学的口诀，来提高学习的兴趣，对理解能力强的高年级学生可采用视频、幻灯教学，使抽象概念直观形象化，并用剖视、慢动作分解演示等教法，分析理解复杂动作过程的结构，培养学生的兴趣，吸引学生的注意力，提高教学效果。

（3）提升学生自我监督的能力，培养良好的行为习惯。

良好的自觉行为是集中注意的重要条件，学生自觉行为的形成要经过长期培养，因此，教师在教学过程中，对学生要进行常规教育，如按时作息、遵守校规、比赛规则、上课注意听讲、认真完成作业等，养成良好自觉行为，有助于培养学生不受时间、地点、条件的影响，养成注意的好习惯，提升有意注意的能力，适应自觉学习锻炼身体的价值。

3. 善于运用两种注意相互转化的规律组织教学

课堂上，一般来讲，学生的无意注意时间短频次高，有意注意时间长频次低，对刺激物的直接兴趣可以引接引起无意注意，而对刺激物的间接兴趣可以引起有意注意，两种注意在同一活动中又是相互联系和转化的，只注重无意注意，学生虽然有兴趣，但无坚强的意志和克服困难的能力，也不能完成既定的体育教学任务，注意是有实时性的，短时间内，情绪高涨，可以提高学生的学习锻炼的效果，可时间长了，情绪消滞，会有厌倦感，因此，有经验的教师会合理的安排教学内容，激发学生兴趣，通过适时的讲解示范演绎，引起无意注意，另外，要鼓励培养学生不怕困难专研学习的意志品质和探索精神，提高主动注意能力，在课堂学习锻炼过程中，应避免过多的重复的练习，以免产生消极情绪，要求教师要有不断地有关联的指导动作练习，交替练习锻炼，时刻保持较高的情绪和兴趣，促使两种注意的相互自然转化，从而提高体育课的教学质量。

要上好体育课，在开始阶段教师要通过简洁明了新颖的讲解宣布课的任务，引起学生的兴趣，激励学生想体验的欲望，在平常的体育课中，要不断地培养学生的注意品质，主动地去专注某些事物，形成注意的稳定性，提高学习锻炼就有了事半功倍的效果。

六、迁移规律在体育教学运用

迁移规律是体育教学中的客观存在，为正确认识迁移规律对体育教学的影响，提高教学质量，对体育教学中的迁移规律进行了简要的分析，对迁移规律在体育教学中的应用进行了探讨，并对应注意的问题提出建议。

（一）迁移规律在指定学年或学期计划时的运用

指定学年或学期计划时，除了贯彻教学大纲的同意要求外，还要注意教材分布的纵横关系。在教材的纵横关系中就要考虑到迁移的问题。纵的教材关系如：进行标枪教学时，先教原地投掷，再教上步投掷，然后教助跑投掷。因为上步和助跑投掷的握枪、引枪有最后的用力到出手这些动作的基本环节和原地投掷相同，所教后两种投掷时只需把上步或助跑的技术与原地投掷技术连贯起来就行；在学习与原有动作结构相似的新动作时，大脑皮质由原已形成的基本环节或附属环节的运动条件反射即可作为新的动力定型的基础，只需补充一些基本环节或附属环节的运动条件反射，新的动力定型即可形成。因此，指定学年或学期计划时，应尽量在回忆旧知识的基础上引出新的知识技能，将具有共同因素的教材内容合理地安排在一起并贯串练习起来，这不仅可以复习旧的技能，同时还能使学生更好地理解和掌握新的知识技能，达到前面的学习是后面学习的准备，后面的学习是前面学习的发展。

另外，在指定学年或学期计划时，要避免运动技能之间的相互干扰。两种不同运动技能之间，动作技术主要环节不同，而细节部分相同，在学习时它们之间往往产生干扰。如：掌握了单杠挂膝上，对学习单杠的骑上有干扰，这是因为前者要求屈膝，后者要求直腿，动作的基本环节不同，前者干扰后者；如果同时学习某两种技能，而且都没有达到熟练和巩固的程度，这两种技能就容易相互干扰，或者两种技能中有一种掌握的比另一种熟练，那么前者就容易对后者发生干扰，如：学习了跳高起跳（单脚起跳）的技术动作后，对学习支撑跳跃的起跳（单脚上板，双脚起跳）就可能产生不良影响；两种运动技能，结构相似，速度相反，其中某一技能已经相当熟练，巩固，要想形成相反的技能动作时，就感到很困难，甚至出现错觉，如：短跑和长跑，两者动作结构虽然相同，但在动作反应速度上对神经系统的要求呈现完全两样的，故产生干扰。

（二）迁移规律在教学中的应用

1. 讲解、示范中的比喻与启发

在教学中，教师采用生动形象的教学语言，不仅能够启发学生积极思维和想象，而且还能使学生加深对教材内容的理解，例如：学习前、后滚翻技巧动作时，教师用球做比喻，启发学生要低头、团身、屈膝使身体接近圆球形，才能像球那样进行前、后滚动。从而使学生心领神会，加深对动作要领的切身体验，加速对新技术的掌握。

2. 组织诱导性练习

（1）模仿练习的运用。

根据相似的刺激物可以引起雷同反应的原理，组织适当的模拟练习促其产生正迁移，诱导学生逐步低学习并掌握教材。例如：在铅球教学中，从徒手原地正面推铅球动作—徒手原地准备姿势（蹬、转、挺、推、拨）的最后用力—滑步推球的模仿练习，对诱导学生逐步掌握正确的推铅球技术有帮助。其生理机制就是，通过模仿产生迁移，诱导学生学会并掌握教材。

（2）分解练习的运用。

为简化动作的掌握过程，教学中常常把完整的动作合理地分成几个部分，然后按部分逐次的练习，最后完整地掌握。例如：在进行排球正面上手传球教学时，可先进行传球手形的练习；其次进行正确击球点的练习；再次进行蹬伸迎拔协调用力动作的练习；最后将以上三种练习串联起来，就会使学生完整地掌握正面上手传球的动作要领。每一个分解练习都给大脑皮层建立暂时性神经练习过程产生了痕迹效应。如果学生个体能正确、熟练地掌握每一个分解练习，则分解练习过程中产生的迁移就能使学生获得良好的学习效果。

（3）辅助性练习的运用。

辅助性练习是指为发展某种动作所需的身体素质的练习。体育教学中，为使学生更快、更好地学会某项技术，而选用一些辅助练习来发展该项技术所需要的身体素质，确实有利于素质和技能迁移。例如：在推铅球教学中，为提高铅球出手的初速度，必须发展学生推球的力量，因此，常常选用一些发展臂力、腕力、指力的练习，诸如俯卧撑、俯卧撑推手、俯卧撑击掌等等，以发展掌握技术所需的力量素质。

3. 充分利用学生已有的知识、经验促进学习的迁移

选择提倡生活中较为熟悉的动作概念，给学生以生动、形象的诱导。由于学生对这些动作、姿势印象比较深刻，因而容易接受和体验，如学习前滚翻时，教师可以用"篮球滚动"来启发学生；要求跳远踏跳的起跳的起跳腿快速蹬离地面时，可用"赤脚踩在滚烫的铁板上"的比喻来提示。语言简练、准确，便于同学回忆，指导自己联系。

可见，迁移总是以先前的知识、经验为前提的。有关的知识技能掌握越多，越容易举一反三，触类旁通。

4. 建立学生良好的心理状态，促进技能的迁移

针对不同学生的不同气质类型进行心理疗法，好胜心强的同学可用"激将法"，性格内向的学生则多运用心理暗示，使他们产生强烈的学习欲望，从而有利于加快运动技能的迁移和巩固。因此，教师在整个教学过程中都应帮助学生形成有利的和消除不利的心理状态。

总之，迁移是体育教学中普遍存在的规律，每一位体育教育的工作者，自觉地认识和合理运用迁移规律，使学生在学习动作时收到事半功倍的效果，从而提高教学质量。

第四节　体育教学的结构和原理

一、体育教学结构

（一）体育教学结构模式

体育教学活动存在在一定时间流程与空间形态中。时间控制，主要表现在教学方法安排序列上；空间形态，主要表现在教学组织形式上，而教学结构是实现教学目标、实施教学内容、贯穿教学方法和教学组织方式的必要保证。课堂教学结构是目标、内容、组织教法的纽带，因此，教学结构模式的设计历来都是教学研究的一个重要课题。

在此试对我国学校体育的课堂教学结构作一浅析分析，以教师主导，学生主体的教学思想为指导设计课堂教学结构模式，旨在与同行们讨论丰富的体育课堂教学结构。

1. 当前我国体育课堂教学结构尚存在的主要问题

目前我国体育教学中，以运动技术、技能为主要基本内容，并需要完成多个教学

目的的综合课，大多数教师也都习惯于传统的"综合课结构"去上课，每堂课的顺序都是由"组织教学、复习巩固、讲授新知、巩固新知、布置练习"演变而来的体育教学结构。这样的结构看似完整规范，但也存在以下弊端：

（1）知识中心的教学结构跟不上教学目的的发展进程。

从传统课堂教学结构上分析，形成以传授运动技术、技能为中心"为教技术而教技术"的知识中心教学结构。然而教学目的基本内容结构应该为"个性和谐发展观"，且这个教学目的在不断扩充和发展。而目前的体育教学的知识中心结构，远未跟上教学目的的发展进程。

（2）以"教"为中心的课堂教学结构忽视了学生学习的主体性。

体育课堂教学大多采用"分解教学—练习—分解教学（N）—练习—完整教学"的递进式结构，缺乏运动的整体感知，缺乏学生已有的运动技能和新运动学习的"矛盾"设计，忽视了学生认识活动的心理过程，没有反映出学生学习的规律和主体积极性，教学矛盾偏重于教。

2.新型体育课堂教学结构模式

新型体育课堂教学结构模式主要的构成因素为完整的课堂教学论结构、灵活多变的教学法结构和有序递进心理逻辑结构。

（1）教学论结构。

体育教学论是研究和说明体育教学的现象、基本因素、本质以及内在规律的一门科学和学科。教学论结构反映了学科内容、教学逻辑和包含特殊认识过程的课的三个基本阶段，是组织课的一般指令、一般做法。

（2）教学法结构。

教学法结构是对组织一节课的总指令和总算法，是紧密联系的统一体，但又是相对稳定的。教学法的实施顺序和方式可以经常变化，并可以通过某种教学方法的教学法展开并具体化。如情景和问题教学法，课的开始阶段是通过创立问题情境或提出假说等方式引入新的知识；在解决问题或论证假说的过程中附带现实化；也可能以检查或复习上次课所学习的知识等等，视课堂教学目标和教师灵活运用的教学方法体系而排序。

教学法结构的因素就是教师的"教"和学生的"学"所构成的各种活动种类，如讲述、模仿、练习、巩固等等，是教学的具体体现，"教""学"的可变性为教师创造性、学识和教学法技巧提供了空间。

教学组织形式也是其中重要的因素。"分"与"合"，分小组教学与班级教学的协调，既"班级教学—小组教学—班级教学"。首先集体同授的主要目的是让学生对整体知识的感知，营造群体学习心理氛围和为后续的分小组学习作准备。分解教学采用小组学习，主要体现在学习新技能的阶段中。最后再班级教学，这里的"合"，是反馈教学情况，通过讲评小结，提示重点难点，将知识条理化、给构化的整合过程，并对于"合"中反馈的问题，进行教学回授和纠正。"合—分—合"的操作，既可单轮分合也可多轮分合。其轮次取决于教材、教学需要及教师的教学控制能力。

（3）心理逻辑结构。

心理逻辑结构是联结教学论结构和教学法结构的内部逻辑环节。掌握知识的过程总是从对事实、事件、规则等等的"感知"和"意识"开始的，然后由比较、对比、解释等引导学生到对新知识的"理解"和"领会"，最终将新知识"概括"地融入到以前掌握的知识体系中。心理逻辑结构只能通过教学法来表现，如"复现"通过提问、练习等表现出来；"理解"通过正确的回答、分析运动结构、技术正误判断和正确运用（技术、原理、规则）等表现出来；"概括"通过能够正确组合知识的结构，正确地确定新知识在已掌握的知识体系中的地位等表现来，如此等等。

在课的内部结构中还以是否包探索性活动的步骤而分为两种不同结构的课，一种是复现性掌握的课（非问题性教学的课），另一种是创造性掌握的课（问题性教学的课）。

由上述可见，在学校体育课堂教学的结构模式中，保证外部教学法结构与内部心理逻辑结构的最优组合，是成功设计一堂课的关键，是课堂教学结构的灵魂。

4.新型课堂教学结构模式所孕育的功能

（1）课堂教学结构模式体现了教学过程的矛盾和矛盾的发展过程。从课堂教学结构模式的整体结构上分析，"再现已知的知识，在新情况下理解原有知识"和"建立问题情境，提出问题"，形成学生已有能力和知识水平与新授知识之间的矛盾；"感知新教材，思考理解"和"提出设想和假说"，形成解决教学矛盾的过程；"概括，运用"和"检查解决问题的正确性"解决矛盾。教学矛盾贯穿整个课堂教学结构，并成为引导和带动整个课堂教学过程的动力。对矛盾的主、次转化分析，结构的开始阶段的"教"处于矛盾主要方面，而"学"是次要方面，教师主导作用使教学的主要矛盾由"教"落实到"学"，最终使学生成为占支配地位的教学主体。

（2）课堂教学结构模式突出体现了学生的主体性。课堂教学结构模式的"完整教学—分解教学—完整教学"有利于学生的运动体验和对运动的整体感知，是引导激发学生主体积极性的重要结构；"班级教学—小组教学—班级教学"，发挥了学生主体能动性和小集体思维的小组教学作用，适用于学生的需要、兴趣、爱好、能力和发展潜能，有利于实现学生个性充分和谐的发展。

（二）体育教学的结构生成及其社会功能

体育教学是一个复杂而有规律的系统，有多层要素组成，在推进体育教学的改革和优化过程中，对其进行教学结构分析，能全方位加深对体育教学的认识。同时加深对体育教学社会功能的认识。

1. 体育教学的本质和教学结构

体育教学是由多种要素构成的，如，教师、学生、课时、教材、教学方式、教学反馈等。

其中，教师和学生是体育教学结构的基本要素，另外，体育教学要以实现体育课程为目标，以教材和体育器材为载体，在一定的场地环境下进行系统性教学。

体育教学是团体教育，更是终身教育，也是情感交流和身体发展同时进行的教育。因此体育教学的结构生成应当融合个人认知、情感交流和身体发展。

（1）个人认知。

一般来说，学校教育在个人认知能力的主要表现形式有三种：一是概念性认知，即，通过语言等形式形成对外界的概念性理解。第二个是形象认知，通过一定的形象或者对某个形象的想象形成对外界的认知。第三个是运动性认知，通过身体与外界的接触形成的认知。

体育教学属于运动型认知，从而确立了体育教学在教学体系中的地位。

另外，在体育学习中，学生首先通过语言和文字了解基本体育知识，然后通过示范对体育动作形象有所了解，最后通过身体对体育运动产生认知。

（2）创造良好的情感交流环境。

体育教学能使学生在运动和竞技中不断地发现自我，完善自我。因此创立良好的情感交流环境，也是体育教学结构中的一个重要组成部分。情感交流能激发学生学习体育的兴趣，满足学生的表现欲，实现情感的交流和满足。

（3）促进身体的全面发展。

体育教学是直接通过身体对世界产生认知。其教学结构首要一点就是促进身体的全面发展。首先通过多种方式进行体育锻炼，培养健壮的体格。其次，建立正确的体育意识，培养意志力和竞技精神。

2. 体育教学的社会功能

（1）构成学校整体社会功能的一部分。

体育教学是学校教学的一个重要组成部分，因此它的社会功能发挥也是包含在学校教学的社会功能中。学校教育的直接作用是帮助受教育者成为一个独立完整的人，形成个人的"文化形成"。而受教育者的"文化形成"也是把他归属到社会群体中的一个重要考核标准,并且促使受教育者本人在社会中发挥不同作用。

受教育者的"文化形成"是由接受各个学科知识的传授形成的一个整体系统,因此体育教学的社会作用是帮助学生形成自身的体育文化形成。

另外,人类社会的不断发展中也形成了多种多样的文化,体育文化就是其中之一。而体育教学正是对人类社会体育文化的传承。

(2)提高学生适应社会和自然环境的身体素质,提升全面素质。

体育的目标是强身健体,增强体质,锻炼意志。学校的体育教学通过多种方式和教学手段来实现这种目标。学生在体育教学中实现体育能力和身体素质的提升,那么在体育教学中打下的身体基础,有助于增强学生适应社会环境和自然环境的能力,这也是人生存的基本能力之一。

人是社会的组成部分之一,个人身体素质的提升,是构成全民身体素质提升的基础。

当红外测温仪接通电源时,AT89S52 单片机自动复位,开始运行程序。程序首先对 AT89S52、LED 和串口初始化,然后开始监控串口,当单片机接收到外部设备发送到串口的可识别测温指令时,读取红外测温传感器指令并通过串口发送给外部设备。若单片机监测到串口空闲或者没收到可识别的测温指令,则进行键盘扫描判断是否有按键按下:若无键盘输入,返回程序首部继续监控串口;若有键盘输入,区分键盘值,第 1 个按键为目标温度测量,第 2 个按键为环境温度测量,单片机读取传感器内相应温度数据,并将计算的温度值用数码管显示,完成一个工作循环。

(3)提升人际关系等社会交际功能。

人际交往是社会活动中必不可少的一部分,也是个人适应社会的一种必备能力,在社会发展中起着信息交流、情感沟通的重要作用。体育教学的教学方式和教学目标,在帮助学生锻炼身体、增强体质的同时,也在锻炼着学生与他人沟通的能力。首先是学生和教师的沟通和互动,其次是学生之间的互动,另外,体育教学能培养个人对团体或者集体的社会需求心理。

(4)促进心理健康。

体育能保持人的心理健康,缓解现代社会所带来种种生活压力,在提高人身体素质的同时,促进心理状态的良性发展。因此体育教学能对学生的心理状态产生积极影响。体育是一种个人与团体互动的过程,在身体得到锻炼和舒展的同时,会对人的心理产生极大影响。适当的体育运动,能化解心理的孤独和悲伤情感,激发人的积极性和主动性。学校体育教学在学生性格养成中也扮演着重要作用。根据相关调查研究,体育教学能帮助学生养成积极、乐观的性格,增强学生的自信心和意志力。

综上所述，体育教学是一个完整的教学体统，其内部构成要素和结构之间的关系直接影响体育教学的效果，促使学生通过体育教学获得身体、心理和精神上的满足，体验情感交流的快乐，并且展开形成体育文化修养，养成终身体育的意识。体育教学不仅注重"体"，更注重"心"，让学生在体育教学中认识体育运动的本质，从而建立正确的体育意识。

二、体育教学的原理

体育学理简单来说就是进行体育学习或者教学的时候的一些规律，在学生学习体育技能的时候客观存在的一些规律性。这是和动作的难易程度、性质，学生自身的一些条件、努力的程度，老师的教学水平以及设备和气候有着直接关系的。

（一）学习运动技能的规律和给起造成影响的一些要素分析

现在通过对于运动技能的一些学习规律的研究，得到认可的研究成果主要有以下两种，首先是整体结构理论，在进行技能学习的时候主要分成认知阶段、联结阶段以及自动化阶段；其次则是联结理论，在学习技能的时候主要是分成了三个各具特点却又相互联系着的阶段，也就是局部动作掌握的阶段、整个动作能够初步掌握的阶段以及对动作进行完善和协调的阶段。对学生运动技能的掌握起到影响的因素很多，主要在反馈和练习两个方面。在进行练习的时候，影响因素主要是进步的实际情况、练习的时间方面的分配、练习的方法是否正确。若是学生进行单纯的动作学习，取得的进步是比较小的，学习技能的时候可以通过反馈的方式，并且学生对联系结果的了解程度也会直接影响到效率提高。

（二）运动技能教学在会能度的基础上的教研规律

在进行体育教学的时候，教学规律有一定的共性，但是由于项目的不同，教学方法和时间的安排都会有一定的不同，这也是教学的个性，此处便是针对其个性进行了分析，探讨了和会能度有关的教学规律。

1.教学时数和运动技能会能度分类之间的关系

（1）会与不会区别比较明显的运动技能。在教学的时候，蛙泳和独轮车这两项运动会与不会之间区别比较明显，并且根据调查显示，蛙泳需要十二个学时才能够学会，而独轮车的直线骑行则需要十个学时。用时比较长的主要原因则是在于运动的复杂程度，蛙泳和独轮车都是比较难的，在对这种项目进行教学的时候则应该安排的时间长一些。

（2）中间型的一些完整运动技能。这些运动技能不很复杂，但是包含的一些元素比较多，和学生的日常生活有一定的关系。这种技能由于包好了多元动作和单一动作两种，所以在教学安排的时候应该根据实际的情况进行选择。单一的运动可以安排小单元或者中单元的教学，而那些多元动作结构的技能则应该根据实际的情况安排大单元或者中单元的教学。

（3）会或者不会区别比较小的运动技能。这一类的技能包含了动作和元素都比较少，并且也很简单，和我们的日常生活联系紧密。所以在教学的时候难度比较低，学生稍微一学习或者是不学习都能很好地把握，这一类的运动在教学中，可以安排很少的时间进行练习。

2.教学方法和运动技能会能度分类之间的关系

（1）采取分解教学法进行教学，将运动的完整技能分成几个小的部分，一段段的进行动作教学。分解法主要包括的类型便是"简化法"、"部分法"、"分割法"。

对于那些会或者不会区别非常明显的运动技能，采取分解法教学能够把整个运动简化，根据其复杂性的特点可以通过掌握运动的部分来进行整体的掌握。并且由于运动技能有一定的组织性，构成部分之间有一定的联系，特别是先后顺序，并且动作的重复性比较低，这也给分解教学提供了方便。但是会和不会区别比较明显的运动本身比较复杂，但是技能自身空间组织性是有一定区别的。比如说进行篮球的跳投，其空间组织性比较高，在进行教学的时候，不能够采用分割法的办法，所以可以采用简化法的办法进行教学，在保证动作完整的基础上，降低其难度。

对于那些中间型的运动技能，也能够采取分解法的办法教学，这一类运动本身具有复杂性，但是这类运动对时间和空间的要求比较低，所以可以采用分解教学的办法。

（2）完整教学法的运用。这种教学方法是指整个动作一次性教完，对于那些比较简单并且组织性比较高的运动比较适用。

中间型中的分立运动自身的复杂性比较低，包含的元素比较少，还有一些中间型的运动自身对于时间和空间的要求很高不能进行分解，所以可以采取完整教学的办法进行教学。

那些会或者不会不存在区别的技能，其本身的匀速比较少，并且对空间时间的要求比较高，不能够进行分解，所以可以采取完整教学的办法来开展教学。

（3）教学步骤和运动技能会能度分类之间的关系。

体育教学的时候，教学步骤应该是比较清晰的，老师在进行教学的时候，必须明确每个步骤之间的联系和关系，对于那些比较难的运动技巧，老师可以先进行分解，学生掌握了部分之后，再采用完整教学的方法，让其将每个步骤联系在一起。

研究运动技能教学对于体育学理的主要意义在于，把握教学中的规律，让学生更好地掌握好每个动作。老师也可以通过教学得出更多的经验，更好地进行教学。

第二章　体育教学内容现状和发展特征

第一节　体育教学内容的概念和基本理论

一、如何确定体育教学内容

体育与健康课是以身体练习为主要手段，以学习体育与健康知识、技能和方法为主要内容，以增进学生健康，培养学生终身体育的一门学科。正确地选择教学内容，对于完成课程目标，促进学生健康、快乐成长意义重大。

我们学校选择体育教学内容的具体方法：

（一）教研组研讨决定

在选择体育教学内容时，同一年级组教师或体育教研组全体教师，以教研活动的形式来讨论体育教学内容。尤其是在每周的集体备课活动中，要做好这项工作。同时要做好校本教研和校本课程开发工作，以期使体育教学内容更适合本校本年级的实际。

（二）各年级学生的特点

在进行体育教学时，我们要根据授课对象来确定教学内容，年级较高体质较好的学生可以选择动作难度较大的内容，而低年级学生则应选择难度和活动量稍小的项目。选择内容要考虑学生实际，各个地区的学生身体素质不同，就是同一个学校不同年级、不同班级的学生的身体素质也不相同，我一学期要给五个班级上课，这五个班级的学生整体素质就不一样，我就根据各班的实际情况来确定教学内容，同样的教学内容，比如说学健美操，有的班一节课，学生就掌握了，下节课复习复习就可以做游戏了，有的班级两节课学生还掌握不好，就只能让他们多学几节课，这些班就只能少做游戏了。

（三）选择内容要符合学生的生理和心理特点

小学阶段，男生和女生不同，要根据性别进行教学，男生喜欢比较刺激、比较酷的运动，而女生比较喜欢有韵律性的舞蹈、健美操等运动。所以课上学完必学的知识后要让男女生分组进行他们各自喜欢的活动。让学生在"玩中学"才能使他们真正地爱上体育课。

（四）选择内容要考虑场地和器材

我们学校，操场是300米的操场，正好这两年，学校建新教学楼，300米的操场也不能利用了，跑的项目根本无法进行，就是100米跑都不能好好地练，我们就根据我们学校的实际情况，多进行其他项目的教学，多进行小场地就能进行的游戏，培养学生的兴趣。练习800米时，让学生围着两个教学楼跑。学生们跑课间操也是围着教学楼跑。在日常的教学中，我是这样来选择和安排体育教学内容的：

1. 依据课程标准的要求来选择教学内容

课程标准是我们实施体育与健康课程的纲领性文件，我们选择的教学内容必须符合课程标准的要求；课程标准规定了各年级各学期的教学内容，我们在确定教学内容的时候应以课程标准为基础来选择教学内容。尤其是课程标准中必修必选内容，在体育教学的各个学期都应作为重点教学内容来安排课时。

2. 根据学生实际情况来确定教学内容

不仅要根据学生的能力水平确定教学内容还要从学生的兴趣出发来选择教学内容。在体育教学内容的选择上，要和学生的能力水平相当，如果在进行体育教学内容的选择上与学生的能力水平脱钩，那就成了教师的独角戏。试想一下，在基本体操的教学中，如果脱离实际的安排空翻等高难度动作，去让我们的小学生去学习，那后果是不堪设想的。在选择体育教学内容的时候，还要根据学生的兴趣来进行，这一点在高年级显得尤其重要。我校每学年制订教学计划时，依据课程标准和学校的场地器材情况，选定一批运动项目，对学生进行问卷调查，那些大部分学生都感兴趣、都喜欢的项目，也会作为我选择教学内容的依据之一。

我们学校在每学期初的两个周内，都会把队列队形练习当成体育与健康课的主要内容之一，平时每节课的开始也会让学生练上一遍。每学期学校都会搞一次全校规模的队列队形、课间操比赛。

选择一些新兴项目、贴近学生生活的项目，还要考虑一些地域性较强的项目。比如我的课上会给学生自由游戏的时间，学生会玩自己喜欢的游戏，有的学生投沙包，有的学生"跳房子"、跳皮筋，有的学生玩"黄河、长江"的游戏……

（五）最重要的是要根据学校具体情况来确定教学内容

1. 在选择体育教学内容时，要根据学校的实际情况来进行适当的偏重如:我校每年在全县"三球"比赛中篮球成绩都是前几名,学生打篮球的热情很高,学校在安排体育教学内容时就适当地增加了篮球的教学学时,以促进本校优势项目的发展。

2. 根据场地器材的情况来确定教学内容

场地器材一直是制约体育教学发展和改革的瓶颈,虽然在有些情况下,我们可以自制和开发器材,但大多数情况下,场地和器材的困难是不能被忽视的。所以在确定体育教学的内容时我们要尽可能地在现有场地器材的基础上进行。比如我们学校,场地小,器材少,好多项目无法进行。

3. 根据学校大型活动安排来确定教学内容

在日常教学活动中,有时候会遇到学校开展运动会或小型比赛等活动,在学校进行这些活动之前体育教师要根据学校开展的比赛项目来适当地暂时增加一些教学内容。

二、体育教学内容的选择

虽然教育界对教学方法的研究由来已久,但由于受陈旧教育观念的影响,加上教师实施教学方法的"惯性",实际教学过程中一直存在着教学方法与人才培养所需的不相符性。体育教学方法的选择不能随心所欲,不同体育教师选择体育教学方法的依据也各不相同,即便是同一个教师在不同时期、不同教学阶段也会有所不同。怎么选择适宜的体育教学内容,促使学生达成水平阶段的学生目标,是一线体育老师一些在探索的问题。因此,笔者就这个问题阐述了一些浅见,以大家一同探讨。

（一）选择体育课教学内容的依据

1. 符合运动技能形成规律

体育教学要让学生学会和掌握一定的运动技能,为运动技能的形成要经历从不会到会、从不熟练到熟练的过程,运动技能形成提高的过程是:粗略掌握动作阶段;改进与提高动作阶段;动作的巩固与运用自如阶段。

从心理因素上分析,粗略掌握动作阶段,新颖的教学内容和训练方法,都容易刺激学生的学习兴趣,学生的注意力较为集中,学习效果比较明显;而到了改进与提高动作阶段,练习内容、方法手段多是重复的,课堂直接感知的学习效果减少了,这样学生会产生单调、枯燥以致厌烦等感觉,形成了较为消极的情绪。教师要认真分析,学生学习技术动作时存在的主客观因素,把握运动规律,有的放矢,达到事半功倍的效果。

2. 符合学生的身心发展规律

美国动作发展学家经过几代人的研究，从发展的观点理清了影响人类活动发展的六大因素：动作的质量、动作发展的顺序、动作的积累、动作的发展方向、动作的多元素和动作发展的个体差异。这些研究结果证明人类动作发展的顺序是具有相当高的预见性，例如：在学生小学初阶段适合发展其柔韧性、灵敏性、协调性和平衡能力，到了学生青春发育期，就可以适当发展学生有氧耐力、速度、肌肉力量等素质。这就是说也只有充分了解学生在中小学阶段身心发展的规律，才能科学合理的选择体育教学内容，为有的放矢的开展教学提供保障。

（二）选择体育课教学内容的原则

1. 教育性原则

即要选择教育意义最强的，最健康的，最正面的，最有利于良好精神与行为培养的教育内容之要求。所选择的教学内容要符合"健康第一"的指导思想。体育与健康课定义为，以身体练习为主要手段，以增进中小学生健康为主要目的必修课程。因此，选择的内容要有利于促进学生的全面锻炼，满足学生的运动兴趣爱好。

2. 健身性原则

即要选择健身价值最高的，锻炼最全面的，最符合学生身体发展需要，最符合他们年龄特点的内容之要求。要求所选择的教学内容对于促进学生的身心健康一定要切实有效。既要发展体能又要增强体质。要杜绝那种不出力、不流汗的"休闲课"和只顾学生一味开心而将竞技体育拒之千里的"娱乐课"。

3. 乐趣性原则

即要选择学生最感兴趣的，体现项目乐趣特征最明显的，学生体验乐趣和成功比较容易的内容之要求。兴趣是学生最好的老师，因此在选择体育教学内容是要分析学生的学情，不能地区、年龄、性别，对同一个教学内容有不同喜好。必须考虑到学生的心理动态，让学生"乐学"才能事半功倍。

4. 文化性原则

即要选择与当地终生体育活动最有关联性的，最反映地区文化特色和民族体育特色内容之要求。择的教学内容应当充分考虑与当地的体育传统和文化相结合。我国幅员辽阔，各地经济、学生体质差异较大，教学选择上可以将本地区和本民族的体育传统项目相结合。这样，既可以让学生了解中国民间、民族的传统文化，增强学生的自豪感，又可以激发和保持学生参与体育运动的兴趣。

5. 可行性原则

即要选择与学校体育场地、器材、师资等条件最为贴近的内容之要求。选择的教学内容对学校的场地和器材无须进行太大的改动，符合学校的实际教学条件。因为我国地大人多，各地、各校办学条件差异很大，很多边远地区、农村山区至今仍无力投入足够的经费建设场地和购买体育器材。因此，在选择上应尽量考虑可行性。

（三）选择体育课教学内容的方法

1. 参考教参法

结合现在先进的教学理念，参考当代最新的教学用书。这些教学内容是有关专家已为教师选好，且大多是经过教学实践检验的，相对比较成熟，教师可结合学校的实际情况，直接从中选取。教学内容的时间和精力，提高了备课的效率。

2. 加工改造法

教师在选择课堂教学内容，备课参考教参时，会经常遇到书中列举的教学内容过于简单或不适应学情、校情的情况。这就需要根据教学目标，对原有的教学内容进行加工，如使之游戏化、情景化、生活化，从而更好地为目标的达成服务。随着我国经济社会的快速发展，近几年不断有新兴体育运动进入体育课堂，但教师在选择这类教学内容时，有时也需要对其进行改造、加工，如简化规则、降低难度、改造器材等，以便于学生接受。

3. 开发创编法

新课程实施以来，各地老师对民族民间体育资源的开发不断深入，取得了较为丰硕的成果，因此对此类资源的开发是选择体育教学内容的重要方法。民间传统体育已经积累了丰富的内容，种类繁多，形式多样。例如滚铁圈、踢毽子、跳房子、放风筝、抽陀螺、跳绳、丢沙包、拍胸舞等等。这些分民族体育项目引入体育课堂，这就是对民族传统体育资源的开发，学生在愉悦的活动中感受我国传统体育文化的魅力，取得了较好的教育教学效果。因此，教师根据各种教学素材自主创编教学内容的方法，亦是教学实践中选择体育教学内容的方法之一。

三、体育教学内容体系

（一）我国学校体育教学内容选择标准

2011版《义务教育体育与健康课程标准》强调了运动技能的基础作用，明确了体育教学内容的选择标准，注重学生体能和健康体质的提高，改变实验稿中存在的目标不明确、内容无所选择的困境。新版课程标准从运动参与、运动技能、身体健康和心理健康与社会适应4个方面构建目标体系和内容选择标准。新版体育课程标准教学内容选择标准见表1，通过表1能够发现，新版标准强调"目标引领内容"，内容的选用标准有明确的案例参考，也有主次级别的区分依据，一线体育教师可以在目标引领下发挥即有资源、特色区域资源来选择教学内容。

2002年新版《全国普通高等学校体育课程教学指导纲要》指出，高校体育课程内容选择的主要原则是：健身性与文化性相结合、选择性与实效性相结合、科学性和可接受性相结合、民族性与世界性相结合，充分反映和体现教育部、国家体育总局制订的《学生体质健康标准》内容和要求。2014年《高等学校体育工作基本标准》明确指出：高校开设不少于15门的体育项目；每节体育课须保证一定的运动强度，其中提高学生心肺功能的锻炼内容不得少于30%；要将反映学生心肺功能的素质锻炼项目作为考试内容，考试分数的权重不得少于30%。将课外体育活动纳入学校教学计划，面向全体学生设置多样化、可选择、有实效的锻炼项目，组织学生每周至少参加3次课外体育锻炼，切实保证学生每天1h体育活动时间。

（二）我国学校体育教学内容实施现状

1. 中小学体育教学内容

中小学体育与健康课程标准提出的"目标统领内容"原则并没有对具体的教学内容做出明确的要求，各省市、地区、学校的体育教学内容均有不同，但是主要体现在以下8个方面。

（1）游戏类项目。此类内容主要集中在小学和部分初中，高中基本没有。内容主要包括老鹰捉小鸡、贴烧饼、小马过河、跳皮筋、命中目标、高手投球、套圈、抛铁环、快快躲闪、抢椅子、叠纸游戏、呼啦圈、体操棒游戏、齐心协力、接力赛跑、传递实心球、2人3足、黄河长江、双人牵绳或持杆跑、跳高擂台、青蛙部队、超级表演秀、投沙包、背夹球跑、投篮比赛、掰手腕、换位接力、花样踢毽与跳绳等。

（2）田径类项目。它主要包括走、跑、跳跃、投掷。走的内容有合作走、自然走、平衡走、侧身走、蹲走、高低重心走、模仿走等；跑的内容有起跑、途中跑、往返跑、短距离快速跑、直线跑、后退跑、各类接力跑、障碍跑、曲线跑、合作跑、趣味跑、高抬腿跑、加速跑、50～1 500m竞赛项目跑、耐力跑等；跳跃的内容有各类起跳、合作跳、立定跳远、跨步跳、单腿跳、模仿跳、跳绳、连续前进跳、蛙跳、各类跳远、跨越式和背越式跳高等；投掷的内容有上下抛接、侧向投掷、扔飞盘、双手滚投抛实心球、双人多人抛接、多种姿势的抛投、掷准、投沙包、投铅球、投垒球等。

（3）球类项目。它主要包括三大球及乒乓球、羽毛球等项目。篮球的内容有持球与拍球、运球、传球、投篮、技战术配合训练、教学比赛；排球的内容有拍球、垫球、传球、垫传球游戏与配合、发球、扣球、拦网、传垫扣球技战术训练、教学比赛等；足球的内容有带球走跑、颠球、运球、接传球、抢断、传球和攻门、头球、技战术训练、教学比赛；乒乓球的内容有颠球、握拍、推挡、发球、正反手攻球、削球、拉搓球、对打对练、单人或双人教学比赛等；羽毛球的内容有颠球、握拍、发球、高远球、单人连续高位击球、挑高球、对打对练、步法训练、教学比赛等。

（4）**武术民传类项目**。它主要包括武术、散打、民族传统体育项目。武术项目的内容有武术基本手型、拳法、掌法、腿法、步法、简单长拳动作组合、五步拳、五禽戏、八段锦、8式和24式太极拳、初级剑、创意表演武术套路、健身短棍、攻防对练等；散打的内容主要有拳法、腿法、摔法、防守技术等；民族传统体育项目的内容有踢毽子、花样跳绳、打陀螺、滚铁环、叠罗汉、拔河、竹竿舞等。

（5）**体操类项目**。它主要包括队列队形、徒手体操、技巧、韵律体操、器械体操、现代操舞。队列队形内容有看齐、报数、立正、稍息、原地转、原地和运动中各类队形变化、走跑立定、解散集合等；徒手体操的内容有广播操、拍手操、双人操、集体舞等；技巧的内容有攀爬类、滚翻类、平衡类、侧手翻、跪跳起、肩肘倒立、靠墙倒立、挺身跳等；器械体操的内容有棍棒操、绳操、球操、呼啦圈操、单杠、双杠、山羊、跳马、平衡木等项目内容；韵律体操包括形体操、艺术体操；现代操舞包括健美操、街舞、啦啦操、踏板操、杠铃操等。

（6）**素质类项目**。它主要包括力量、速度、耐力、柔韧、灵敏素质训练内容。力量训练的内容有仰卧起坐、仰卧举腿、立卧撑、单杠斜拉、单杠引体向上、俯卧撑、收腹跳、深蹲、握力等；速度训练的内容有跪走、往返跑、速度位移、短程跑、接力跑等；柔韧训练的内容有座位和立位体前屈、体侧屈、踢腿、横叉、纵叉、两头翘、下腰成桥、结合体操和武术练习进行安排等；灵敏训练内容有走平衡木、结合球类和跑的练习进行安排、敏捷梯等；耐力训练内容有定时跑、定距跑、发展有氧耐力等。

（7）**体育与健康专业知识**。体育知识内容主要包括体育课堂常规、正确的身体姿态、体育和奥运历史、野外运动知识与防护、科学锻炼身体的方法、运动前中后身体反应与应对措施、体育项目，如三大球等的专业知识、体育竞赛文明与安全、生长发育与体育运动、科学测量运动负荷与强度的方法等；健康知识内容主要包括体育与情绪的调控、体育与意志道德培养、合理饮食与适当运动对身体和心理健康的影响、运动安全与卫生、人体部位只是、运动损伤防护与处理等。

（8）**新兴时尚类项目**。它主要包括游泳、轮滑、攀岩、滑冰、越野等项目，相比较而言游泳项目开展稍多，其主要内容有水上安全防护、水中自救技巧、蛙泳、自由泳等。其他项目包括网球、轮滑、跆拳道、攀岩、定向越野、板球、棒垒球、体育舞蹈等新兴时尚项目只有少数经济较为发达省市的重点学校、传统项目学校在高中以专项选修课的形式开展，需要相应的教师资源、场馆设备来支撑，这在广大城镇、农村及贫困地区是无法企及的。

（二）高校体育教学内容

高校以新《指导纲要》和《工作标准》为依据，加强特色体育模式的构建。体育教学以体育专项必修和选修课形式进行，实行课内外一体化教学模式。体育项目开设的数量依据各校的教师和场馆资源，主要项目有三大球、乒乓球、羽毛球、网球、游泳、健美操、武术、散打、太极拳、跆拳道、形体、艺术体操、瑜伽、街舞、体育舞蹈、轮滑、拓展训练、定向越野、健身健美、身体素质、保健体育、普拉提、击剑、空手道、棒垒球、高尔夫球、木球、板球、啦啦操等，田径、体操等传统项目只在个别学校开设，其主要内容融入其他专项课程作为素质训练的手段。教学内容除了专项技战术和理论外，身体素质和体能训练成为体育课程的重要内容。身体素质和体能训练包括耐力长跑、力量耐力训练、柔韧和灵敏素质训练等。

（三）我国学校体育教学内容特征分析

1.国家标准指导下的教学内容体系趋于完善

2011版义务教育体育与健康课程标准较好的吸取了实验版课标的经验与教训，秉承继承与发展的理念，本着处理好"传统与现代""本土与国际"关系的原则，提出明确的目标体系，构建了目标引领下的大中小学一体化、衔接性较强的内容体系，课程内容标准既有明确的要求，也有适宜的案例，更有弹性的可选择空间。

2.区域发展不平衡下教学内容选择出现分化

全国地区发展不平衡严重影响了体育教学内容的选择。当前背景下教育资源优越的区域仍然集中在经济发展较好的省市和地区，同一地区的不同学校差异也很明显。丰富的教学内容选择需要较好的教师资源和场地设施器材，需要良好的教学环境、学习环境和研究环境。因此，全国大部分地区和学校的教学内容仍然集中以田径、三大球、武术、体操、游戏为主，两小球、体育理论和游泳为辅，至于新兴时尚项目，只在少数地区和学校中能够让少数学生参与。

3.大、中、小学融合性差教学内容缺乏有效衔接

虽然学校体育教学内容的衔接性在国家课程标准中得到了较好的体现，然而实际操作层面，仍然由于教师水平、教学资源及教育体制等原因难以实现大、中、小学教学内容的有效衔接与融合。当前很多学校的教师仍然秉承经验主义理念，按照传统三段式教学法、竞技体育教学模式教学。大多数田径项目都属于重复学习内容，从水平一到水平四乃至高中、大学，学生都在学习蹲踞式起跑、立定跳远、折返跑，技巧中的前滚翻更是一滚到底。

4.现有教育机制和学情下教学效果差强人意

我国学校体育存在运动风险保障缺乏、应试教育影响犹存、教师少学生多、教学资源失衡、学校体育被边缘化等现实情况，体育教师容易产生怠倦心理，致使无论是课的结构、教学内容，还是教学方法和手段的应用，从小学到大学都是千篇一律，创新少、模仿多，应付多、投入少。很多学生认为体育课要么就是集合跑步、做游戏、自由活动，要么就是身体素质训练应对升学考试，放羊教学和应试教学堪称主流。

（四）我国学校体育教学内容改革建议

1.加强体育教学内容设计研究

体育教学内容设计是课程设计的重要组成部分，涉及目标引领下不同学段、不同学年、不同学期、课程单元教学内容的选择，涉及教学内容采取何种结构、方法、模式才能达到预期目标。教学内容设计依靠人体生长发育规律、运动技能学习规律、身体动作发展规律和素质发展敏感期规律4大理论基础，更需要考虑到教学对象的生理和心理特点，男、女生数量和性别差异、教学环境和硬件差异、体育教师资源差异等。

2.严格把关地方和学校教学计划

国家课程标准只是宏观指导意见，要想实现大、中、小学体育教学内容的合理设置，并有效融合与衔接，重要的是把好地方和学校课程教学管理关。体育教学内容的选择与设计主要体现在教学计划上，地方教学计划需在国家标准基础上根据采用的教材与地区资源设计教学内容及实施办法，内容和方法应具有指导性、可选择性和可衔接性；学校体育教学计划必须明确目标、内容和方法，但是鼓励创新，坚持风格，形成特色，建立品牌。

3.研究各学段体育与健康教材

学段体育与健康教材不仅需要考虑人体生长发育规律、运动技能学习规律等理论基础，更需要较强的专项运动水平和经历，以及长时间的青少年身体运动实践基础与成果。一本好的学段体育与健康教材的问世同样需要以实验为基础进行检验、修改与完善，这需要广大体育工作者在此等基础性研究中投入较大的人力和物力。

第二节　我国体育教学内容的现状

继新课程改革以来，我国的体育新课程改革也如火如荼地进行，为了让新课程改革的理念在全国迅速地得到贯彻执行，中国教育学会学校体育专业委员会定期举行全国性的全国体育课展示活动，已经举行了5届，最后一届在河南郑州金水区进行。在这5届的全国性体育展示活动中，都会有不同的主题，我们也可以从不同的届上可以看到很大的变化，其中有理念的变化，也有内容上的变化，比如，在教学设计和教学内容选择上，第二届活动上是这样要求的，要做到"教学设计要科学"，在第三届则提出了"教学内容的选择要符合学生的身心特点与发展需要"，而第五届则又提出了"教学内容要以技能为主"这些都对体育教学的方向进行了界定。本节对这5届的展示教案进行了整理，发现教案内容与形式都发生了变化，而且，逐步变得科学而且完整。比如，就从"有整体教学设计的案例"占本届展示课的比例来看，从第一届到第五届分别是63%、81%、89%、100%、100%，从这个数据的不断变化上可以看出，老师在课的准备上从过去的只在教学方法与课堂组织上的研究，逐步转为课堂的整体教学设计。而从教学内容上来看，传统的教学只是对单个的教学内容进行分析，而如今，更为注重单元内容。在理论设计上也由以前的占很小的比例在不断地扩大，这说明，老师们对教学设计的系统认识也在提高。但是现在，从老师们的整体设计上还可以看出很多不足之处，下面就存在的不足进行分析与研究。

一、体育教学设计中"教学内容分析"一项的现状介绍

（一）对于"教材"与"教学内容"的概念还存在混淆

教材从名字上来看就可以简单地理解为教学材料，主要指的是"用什么教"的问题，也可以简单地理解为是教科书，教材里包含着教师本节课所教给学生的知识。而教学内容可以理解为"教什么"的问题，是以学生为中心，结合社会、课程共同对学生进行知识传授。所以，可以看出教材是承载，而内容是被承载。在教学内容分析中，有不少的老师把教教材也放入其中，使教学内容与教材混乱了，比如，有位老师这样分析教学内容的：在多人多足竞跑这节课，有位老师这样说："教材分析：据水平四的学生的特点，为了提高学生的速度、协调等素质，这节课选择了多人多足竞跑为教材内容……"。在这个分析当中，没有体现这位老师要用"多人多足竞跑"这个教材教给学生些什么技术，而所提到的"发展学生的速度、协调素质"仅是这个教材基本功能而已。所以，我们要充分认识什么是教学内容，什么是教材，教学内容与教材是教学的两个重要因素，只有弄清楚了才能提高学生业务水平，才能提高教学效率。

（二）对于教学内容的分析中过多的集中于内容的特点、价值和功能

体育教学设计应该是以学生的发展与体育学科的运动技能为主要依据的，但是在新课程改革初期提出了"淡化技能"的教学理念，以后逐步得到了纠正。分析老师们在教学设计上，从第二届全国体育展示活动以来更为注意教学技能，但是，在对运动

技术的分析时,具有很大的局限性,都是围绕特点、价值和功能这三个方面,范围较窄。具体来说,教师对内容的分析还处于对教材的分析上,比如,老师多数会说"为什么要在这个年龄阶段教这个内容""此教学内容学生学习的基础应具备哪些"。而真正地对内容的分析却没有,这种现象说明传统的教学思想还对老师的教学产生很深远的负面影响。比如,健美操内容教学时,有老师这样分析:健美操是初中女生十分喜爱的一项体育运动项目,它不仅能塑身美体,而且不受场地限制……健美操有利于发展学生的身体协调性、灵敏性。这样对教学内容的分析没有很好的体现学生需要之间的关系,而是仅限于介绍了健美操这个项目的特点、价值和功能。

(三)对学生原来的学习水平分析不足

体育教学的主体是学生,所以,针对不同的学生,就有会有不同的教学方法,在教学内容的安排上也有所区别。所以,体育教学要充分的了解学生,分析学生,才能根据学生的需要进行教学。从老师们的展示课教案中可以看出老师只是注重单个内容的分析,而为什么要教则没有分析,对这个内容的学习上学生的原来水平分析更是个空白,这个内容教师也没有具体的分析。

二、我国大学体育教学目标内容的现状

大学体育是学生接受学校体育教学的最后阶段。在增强大学生身体素质的同时培养他们学习体育的兴趣,教育他们能够在毕业后的社会活动始终坚持体育锻炼,即建立"终身体育"思想。

(1)掌握一定的社会体育知识与技能并灵活应用。体育教师应当让大学生在大学阶段掌握一定的社会体育知识,如社会体育指导与管理基础理。这样,他们就能在毕业后从事一些体育活动组织管理、技术指导与健身咨询等方面的工作。在当前我国体育事业蓬勃发展的今天,大学生若能掌握这些社会体育知识与技能,能够大大提高自己的就业率。

(2)重视"以德树人"。相比中学体育教学对学生体育精神的培养力度,大学体育教学的培养力度更大。高校体育教师应当通过强化学生学科核心素养的培育、推行新的课程教学模式、课内外体育活动一体化、形成系统的联赛制度等途径,扎实推进"立德树人"体育教学目标。在目标实施过程中,体育教师有必要将思想政治教育切入体育教学实践,提高"立德树人"实效。

(3)形成"终身体育"思想。大学生即将迈入社会,当他们投入到紧张的社会生活之后,若没有"终身体育"思想便会轻易放弃体育运动,进而逐渐体质降低,影响

生活质量。对此，高校体育教师应当将"终身体育"作为重要的教学目标，在教学过程中不断强化他们在体育运动学习过程中的参与意识、自我监督意识、自我欣赏意识与自我愉悦意识。高校体育教师具备"终身体育"方面的科学知识与教学方法，以当代大学生身心发展特点与兴趣爱好为依据，不断研究大学生体育学习中的新问题，从根本上激发他们主动参与体育运动的兴趣。

"终身体育"是大学体育教学的重要目标，也是终极目标。高校体育教师在教学过程中应当紧紧围绕此目标来制订配套的教学方法、教学内容、教学模式与教学评价。若想实现这个目标，需要高校领导、体育教师与大学生个人的共同努力，更需要大学生家长以及社会公众的关注与支持。

从总体来看，我国大中小学体育教学目标是科学合理的，能够体现"以人为本"与"终身体育"的体育教学思想，能够提高绝大多数大中小学生的身体健康水平。但是，与国外体育强国相比，我国大中小学体育教学目标依然在很多方面有很大的差距，这就需要我国众多大中小学领导者与广大体育教师一起，积极开拓创新，不断优化体育教学目标，使其更加符合大中小学生的体育学习需要。

三、"教学内容分析"的策略

教学内容分析在体育新课程标准的落实中应引起我们足够的重视，下面就几个因素以投掷项目为例进行阐述，以满足学生的学习需要。

（一）对教学需要进行分析

教学内容是一节课的核心，如果没有教学内容，那么，这节课就不能正常的展示，也没有教学目标了。内容是学生的学习对象，也是教学目标的载体，体育课程的性质提出了学习内容是以"体育与健康知识、技能和方法"为主要学习内容。以投掷项目为例，在学习时，要对基本知识进行学习，比如如何握持器械、如何助跑、如何最后用力以及身体的平衡等。投掷项目的这些知识是学生必须要了解与掌握的，对于学生的学习是不可缺少的内容，其组成了不同水平阶段体育教学内容。所以，在投掷教学时，对基本的知识与程序性知识教学是教学的需要。

（二）各个水平的段的运动技能要求的分析

《课程标准》学习阶段划分为几个水平，其中，水平四是初中阶段，在每个水平中有不同的技术水平目标要求，新课程在各个水平目标上提出了"学生学完后将知道什么或会做什么"，教师在教学时，要根据本水平的目标分析学生要学什么，分析了学生要学什么才能就有了内容的确定，所以，老师在教学时，对内容的分析是十分有必要的。《体育课程标准》明确规定了运动技术学习的顺序：先学单个动作，再学习组合动作，最后形成技能。

（三）加强对运动技能结构的分析

一个运动项目有动作技术的结构，不同项目更有不同的结构，但是，多个结构之间又是相互联系的，比如投掷项目(序列技能)中，有助跑(连续技能)、有投掷出手(分立技能)，也有投后的维持平衡(分立技能)等。所以，在教学时，把投掷看作是一个助跑、投掷和维持平衡的综合动作，其中的每一个分立技能是不可少的，缺少了就不能构成一个完成的投掷动作，所以整个动作的学习时，不同的阶段要把注意力放在不同的点上，经过反复的学习，每个单个的动作掌握之后，就可以综合起不，形成最后的技能。所以，老师在动作结构分析时，要根据学生的特点进行有重要的分析，强调本节课的重点。

（四）对学生原有基础的分析

体育教学不是简单的对学生进行技能教学，体育教师还是一个心理分析师，对学生的各个方面都有所了解，比如，学生掌握技能的快慢，他们以前会什么，大致达到了什么程度，学生是不是具有一定的探索能力等等。要知道，体育教师在教学设计过程中对教学内容的分析，很多教师对学生了解不够，不能以学生为主体进行教学设计，更多的只是依照自己的经验或传统教材体系来确定。至于为什么要这个内容，每个班的学生有多少，男生多还是女生多，他们以前会什么等老师都不愿意会去了解，实证性的依据老师还没有掌握。依据动作发展研究对学生动作发展起始能力的分析，既确定了学生的学习基础，也为教学内容分析找到了依据。比如，在投掷教学时，我们发现，越是学生年龄大，他们的原有水平可能会更多，比如，初一"会"做出，初二会侧向投掷，到了初三，可能会助跑投掷等。通过以上综合分析，老师对大部分学生的基础有了初步了解，就可以对不同年级对学生实施不同的教学策略。比如在初中一年级教学内容的重点是"引臂"单个动作的学习，到了初中二年级，是学会原地的学习，到了初三就是"助走或助跑"，做到上、下肢协调配合。以上倒是举个例子，有很多的细节也需要老师们思考。只有对学生进行学习基础上进行分析，才能制定不同的教学重点，对有计划的实施。

第三节 对体育教学内容的一些初步认识

体育教学内容的建构必须充分考虑各阶段体育教学目标、学生的身心特点以及教学内容的递阶性。但我国体育教学内容设计普遍存在功能缺失、与教学目标相脱节、各年级教学内容衔接不当等问题。究其原因，主要源于对体育知识属性及其传习方式理解上的偏差，忽视了学习过程的渐进性，先前的学习经验是促使知识积累、能力发展、任务精通的必要条件，而目前教育系统中体育教学模式的建构往往缺少了有关学习递阶性的思考，导致我国体育教学内容的建构正面临统一性与灵活性、趣味性与实践性、分层性与系统性等多项矛盾关系。如何在全面发展学生核心素养的教改浪潮中，使学生通过体育课程的学习，获得深度运动参与体验，尊重学生的情感发展需要，设计适性化的教学内容是关键。因此，探讨体育知识属性及其习得规律是精准建构教材、精准筛选教学内容和精准进行教学评估以及个性化教学的基础与前提，具有方法论意义。研究从本体论出发，本体论追溯于胡塞尔现象学还原的方法论，是一种超脱经验论对事物表象的研究，回到"事物本身"的研究方法。而运动文化的本真事物，就是"人体动作的显现与表达方式"。人体动作的显现主要是以动作单元、动作组合以及动作结构的序列性联结，对人体动作的显现与表达方式的研究是探寻体育教学递阶性的重要源点，也是体育教学内容建构的重要基础。

一、审悟体育知识的基本属性

我国学校体育教学内容滥觞于三大文化体系，从其内容体系的内在结构来看，无论是德国体操与瑞典体操体系、英国竞技体育与娱乐体育体系，还是我国的民族传统体育体系，均是以"动作要素"的重组与建构为基础的文化映像。不同的社会文化背景成就了不同教学内容体系的差异性，而动作要素的组合方式及其结构特征则是推进三大内容体系不断发展的递归之因。可见，运动技术的内在结构属性即为不同动作要素所呈现的关系特征，对体育教学内容内在结构的探索是其逾越文化边际，丰富教学内容，重联教学要素的重要途径。

张洪潭认为，体育课是为传习知识而设，体育课所传习的知识形态有别于以概念、判断、推理等思维形式和范畴体系表现自身存在的知识，而是通过运动表象这一重要环节方可形成，必须蓄有适足的反复操练的本体感受，形成稳固的神经-肌肉连接通路，表现为人体相应骨骼肌肉运动的控制。显然，通过运动表象建构的认知过程是以身体为媒介，以感知觉等本体感受器为手段的身体认知过程，运动表象反演出的人体活动的特定程序具有如序的心理认知过程，理应划归为知识的范畴，即"操作性形态的知识"。而具有不同运动形态的操作性知识指称为不同的运动技术，运动技术外显为可见的肌肉运动，依赖于人脑的认知信息加工以滋生人类运动经验的蓄积。这种运动经验蓄积的过程乃是人脑信息加工的结果，是组织动作类型和顺序的一个程序性规则，遵守运动技术学习的内在规律，能够有效刺激神经肌肉的兴奋－抑制，强化身体有关运动经验的"记忆痕迹"。这种"记忆痕迹"的获得必须蓄有适足的反复操练的本体感受，实现感觉向思维的认知过渡，"记忆痕迹"的留存乃是操作性知识独特的认知方式。因此，不同运动形式有其独特的认知方式，这种认知是具身的，它来自于身体与外界的互动，并与之持续地交织在一起，主要借助身体的运动经验以及与身体拥有不可分割的相互联系的特定的知觉和运动能力，共同组成了孕育推理、记忆、情绪、语言和其他所有心理活动的母体。

二、体育知识结构及其习得规律

从体育知识，即操作性知识，是通过运动表象反演为不同运动程序的基本特征来看，操作性知识乃是运动技术的化称，然而，解析操作性知识的内在结构及其学习规律，就要理解运动技术的内在形成机理及其习得方式。动作是人体运动的最小单位，也是构成运动技术的关键。因此，人类动作的发展序列制约着运动技术的形成与推演。

人类动作的发展具有递归性。递归性可近似地理解为层次性或有机性，表征为结构层次的递阶规律是以相同结构成分的重复或嵌套，从整体观的角度揭示了层次结构组合的内在规律，在教育界域中可理解为知识的蓄积与个人能力螺旋上升的自然规律。进言之，知识的蓄积通常伴有能力的增长，既然体育教学目标是以传习操作性知识为主要任务，那么，对操作性知识的蓄积规律和过程的揭示，也自然成为对体育教学规律性探索的重要切入点。体育教学中的操作性知识是指不同运动技术的总称，而诸多运动技术由不同的动作基元所构成，操作性知识的获得，指在教学的过程中，强化学生对不同动作基元的组合方式、组合结构变化规律的理解。由此，体育教学中的操作性知识的传习规律形成了万变不离其宗的动作递归特征——同一动作模式即为相同动作技术的复归，遵循自身复归于自身的基本规律，即以人类不同的基础动作模式为基础作为建构基础动作单元的依据，不同的动作单元遵照人体动作链的基本结构，形成具有不同功能指向的动作结构，动作结构的不同所要求人体的生物性特征、力学特征、学习环境、任务导向均有所不同。可见，动作结构不仅决定操作性知识即运动技术本身的功能，同时也决定了运动技术的学习特征，知识表征的难易程度等，因此，为实现体育教学对知识蓄积与能力增长的共进目标，需深入探究不同运动技术的知识结构。结构的递归是变换样式的递归，并非一以贯之的递归，在两种递归方式的交接处，形成了局部的不递归。不同的动作单元是相对独立的，但不同动作单元与动作组合的有序对接，衍生出不同的动作结构，由此源源不断地生成新的运动技术。

（一）动作单元——体育知识的类归与蓄积方式

完整的动作系统是以不同动作为单元或单元的集合，动作单元则是动作被连接或组合起来构成动作链的表达方式。动作链借助人体关节的运动方式使动作按一定顺序衔接起来，如以爬动、行走、翻滚、跑步、蹦跳、跨越等与位移相关的移动性动作技能，以转动、伸展、弯曲、直立等关涉身体在不同空间特征控制能力的稳定性动作技术能，以抓握、拿捏、拍击、传接、投掷、蹬踢等关涉人类感知运动能力发展的操作性动作技能，均指向趋同的动作结构。趋同的动作结构能够引发动作效力的相似性，具有相同效力的动作结构也就可称为一个"单元"。以"单元"作为不同动作模式的划归依据，不仅揭示了动作技术的层次性，且有效实现了动作的功能性分区。这些"单元"构成了学习的相关结构，不同动作单元作为"类"的存在影响着体育教学的宏观组织策略，学习相关结构间的相互区别揭示了体育知识的类归方式，其相互联系的逻辑程序则是蓄积体育知识的前提。可见，动作单元的设想，为合理建构体育知识的前提性基础结构，把握全局观念，建立技能与课程目标间的内在联系提供了重要思路。

（二）动作组合——体育知识建构的内在逻辑

动作组合是以动作单元为基础，按照动作单元的分类方式以及运动技能的属性特征，进行稳定性动作技能、移动性动作技能、操作性动作技能的条件性重联，予以重新组合新技能的过程。动作组合的方式灵活多变，包括相对个体的动作基元的连接和组合，也包括整体或局部的配合(如篮球中的"一传一切")。动作组合就是将某些动作融合在统一的运动过程中，使其构成人体运动的特定程式。其中不同类型的动作技能单元的动作程式复杂度有所不同。稳定性技能是以强化身体控制能力和身体定向能力为基础的动作技能；移动性技能包括强化身体移动能力的相关技能，移动性技能涉及的人脑信息加工程序和执行程序更为复杂；而操作性技能对所需控制的调节条件及相关运动能力提出了更高的要求，相比移动性技能，操作性动作技能关涉学习者的肌梭和腱器官引发的本体感觉的统合能力。而不同动作单元组合衍生出成不同的运动技术，如动力性技术中的爆发型技术，是以跑、跳、投等基础动作模式为主的技术指称，需要稳定性、移动性以及操作性动作技能的联动控制，才能使身体各关节得到最适时、最适序的运动方式，以争取最佳的技术效果。由此说来，动作的特点、大小容量以及动作单元间的组合方式，决定着运动技术的简繁与难易。因此，对动作组合内在规律的探索与揭示，是探究不同运动技术的蓄积方式和习得性规律的根本途径，也是体育知识建构必须要遵循的内在逻辑。

(三)动作结构——体育知识传习的内在规律

动作结构是按照合理原则和完整性原则,进行不同动作要素的时序组合所呈现的稳定的动作结构特征。动作结构具有客观性、有序性、序变性以及相对稳定性的特点。客观性是指动作结构的形成应具有合理的客观依据,首先它要符合人体生理学、生物力学的规律,其次它要符合某种社会条件(规则、行为目的等)与自然环境(运动环境、气候环境等)的限制。有序性是指事物内部要素和事物之间有规则的联系和转化。动作结构的有序性表现为"时间序"与"空间序",即动作各要素的时间与空间构成应是有规则的,并服从于运动目的与运动规律。其中,"时间序"表示各动作的开始、运行和结束是同一时间序列同时或者依次推进的时间关系。"空间序"则表示动作要素组合的内在结构受到任务、环境与条件的限制,不同任务、环境、条件的组合方式,形成了一定的空间结构。序变性是指动作结构应具有较强的序变能力,即动作结构应是动态发展而非静止的,是可调节而非固化的。相对稳定性主要表现为某一时间节点技术动作的稳定状态,如射击等。因此,动作结构乃是动作组合在时间序与空间序中的排列方式。不同动作技术的形成则是通过不同动作单元的规律性组合,形成相对稳定的动作结构,促使各关节按照人体生理学的基本规律有序衔接。体育知识的传习是通过与运动感觉相联系的人脑关于动作或动作系统的形象所引发人体相应部位骨骼肌肉运动的体验过程,而骨骼肌肉如何精准、有序进行排列组合,即如何实现人体动作结构优化是动作技术表现整体性和流畅性的关键。因此,动作结构影响人体精准、有序、高效动作链的形成,其复杂性以及结构功能的优劣影响着体育知识传习的难易程度,揭示了体育知识的层次性和递阶性。

三、体育教学内容体系的重审

理解体育知识的序变特征和蓄积规律,是推断体育知识性质及其习得性规律的关键,更是建构体育教学内容体系的核心。基于动作要素与体育知识蓄积规律的相关性可知,人类动作的序变性与递归性是形成体育教学内容的基础,也是探究体育教学内容类归、分层和排列方式的重要基点。

(一)体育教学内容的分类

学校体育研究的先行者对体育教学内容的分类做过诸多研究和尝试,但受到不同文化母体差异以及体育功能与价值的时代嬗变影响,其分类方法和分析视角有所不同。1993年版体育教学大纲说明:我国体育教学内容的分类方法是"综合分类法",就是将运动实践部分的内容同时按照运动项目和身体素质两个方面进行分类,但实质上仍是以运动项目的类别进行分类方法，它忽视了运动技术与运动能力的整体性问题，因为并不存在能够脱离体能保障的完美技术。继综合分类法后，我国学者提出了"以教学目的进行分类"的方法。提出该种方法的学者们认为，1993年版体育教学大纲在分类上遇到难题的根本原因在于"没有考虑到在以运动项目分类和以身体素质分类的上位还应有一个分类的方法"和"没能找到能包容运动项目和身体素质的上位分类方法"。该方法是以询证不同教学目的所对应的上位分类源为基础，遵循建构主义的基本逻辑，在追求多元化教学目标的基础上，匹配适切于不同教学目标的内容设计，试图建构完整教学目标体系的过程，其目的在于增加身体练习人为的规定性，欲以避免内容重叠所引发的逻辑矛盾问题。但以教学目标规约体育教学内容分类的方法存在如下问题：①如何确保不同层次的教学目标对接无交叉；②不同教学目标对应的教学内容是否构成全异关系。例如：同属运动实践目标层中的分目标"为掌握运动项目技能的身体练习（技术培养）"与"提高身体素质的身体练习（体能提升）"的目标之间就存在内容交叉的问题。任何一项运动均由包含多个环节的复杂运动系统所构成。茅鹏认为"技术"与"体能"好比同一运动能力实体的不同指称，犹如一枚硬币的正反两面，所谓力量、耐力、柔韧、灵敏特指运动能力的四个维度，并非是抽象性的身体素质的实体，如若将这个体系当作运动能力的体能基础，就会在无知觉中造成技能学习的"损效"。由此而论，"以教学目的进行分类"的方法割裂了运动能力与运动技术间的内在联系，导致在其在目标的对接上含混不清。再者，该分类方法对不同教学内容上源教学目标的提取无法满足全异关系，也就是，这些以探究体育教育目的与本质的教学目标不能够真正全纳体育教育的功能与价值。追本溯源，产生这个问题的根本原因在于询证体育知识属性及其价值过程中的认识偏差，无论以运动项目抑或是以体育教育目的进行的分类方法，都无法深刻揭示体育教学内容分类的科学性。换言之，前人的研究中鲜有意识到某一种运动项目本身所具有的综合性，即运动项目本身所要求的运动技术多样性和规范性的同时，自然兼顾了人体基本活动能力和运动素质的发展。因此，结合前人的相关研究成果认为体育教学内容的分类应系统分析不同运动技能在性质和特征上的差异，具体称其为"性质分类法"。"性质分类法"主要源自Gentile等人对动作技能习得规律的揭示。

Gentile等人将环境背景作为动作技能分类的第一个维度。环境背景包括规定性调节条件（固定或运动）与操作节律（无尝试间变化与有尝试间变化）的组合关系。调节条件是指决定（即调节）动作操作特征的环境背景，分为固定的调节条件和运动的调节条件；固定的调节条件强调环境的空间特征决定动作的空间运动特征，而动作开始时间由操作者掌握；运动的调节条件是指环境的空间和时间特征决定动作的空间特征和动作开始时间。操作节律则指向在一种情境或一次练习中进行的技能操作中存在的调节条件，在下一操作情境或练习中出现或不出现的不确定性，强调践行相应技术动作的协同性与稳定性。由此可见，动作技能的性质取决于调节条件（固定或移动）与操作节律（无尝试间变化与有尝试间变化）的组合方式，一旦动作技能表现过程中的调节条件不发生变化，那么动作技能的性质（封闭性或开放性）就不会发生实质性的改变。同时，Gentile 依据动作功能只想提出，我们可根据技能操作过程中是否存在身体位移或器械操作进行动作的功能性判断，身体定向是指身体位置的改变与保持。有些技能不仅需要身体定向的能力，还需要改变或保持操纵对象的位置。当某种技能不仅具有身体定向（稳定或移动）的要求，同时还需保持操纵的功能指向时，无疑提升了技能的操作难度。因此，Gentile 根据任务的环境背景与任务的预期功能，将动作技能按其性质特征分成如下四种类型：①固定的调节条件＋无尝试间变化＝完全封闭性技能；②固定的调节条件＋有尝试间变化＝适度封闭性技能；③运动的调节条件＋无尝试间变化＝适度开放性技能；④运动的调节条件＋有尝试间变化＝完全开放性技能。具有不同性质的动作技能规范了教学内容分类的条件。以具体教材实证为例，如将教学内容设置为"持球练习篮球的变向突破技术，并加防守"，该教学内容按其环境背景、调节条件、功能定位就应被划归为在运动的规定性条件下（动作的开始与结束具有时间与空间上的不确定性），有尝试间变化（需要根据防守人的位置判断突破的时间节奏），有操纵的移动性技能（强调跑动中突破），其定性为完全开放性的移动类技能。可见，"依据技能性质特点"进行分类的方式促进了运动技能教学内容从简到繁的递阶性过渡，符合体育知识传习的递阶规律，从而确保教学内容功能转向的科学性与合理性。

（二）体育教学内容的分层

探讨教学内容的层次性，首先是要理清体育教学内容的内在结构，剖析内在结构的基础在于深入理解事物的基本属性。那么，何为教学内容呢？教学内容系指在特定教学目标下，学生应掌握的概念、术语、原理等知识，并包含由此生发的技能、观念、态度、价值观等。由此说来，教学内容具有双重属性：一方面，教学内容包含学生应直接学习的学科知识，如体育教学内容的学习中，应重点传授技术要领、技术规则等对象性知识。进一步讲，对象性知识即为某一学科的结论性知识。另一方面，是指学生在掌握学习知识的基础上应发展的能力，即对知识的学习过程的理解与感悟。如在学习具体的技术要领、技术规则时，通过知识形成的过程、运用的方法以及知识衍生的情感态度及价值观，即通过学习某项运动技术的具身体验，理解知识背后的意义和力量。张洪潭认为体育知识是人的多种操作能力的基础环节和积极作用的结果。体育知识并不是独立存在的，它总是要与认知性知识相互作用，才得以体现。也就是说，体育教学内容的分层不仅要探索对象性知识的结构，还应剖析过程性知识与对象性知识的内在联系结构，以及二者在层次上的递进关系。

现阶段我国体育教学内容层次的划分主要依据"理论知识"和"体育技术""学习"与"练习""多时数"与"少时数"以及"素质练习"与"技术练习"等方式进行教学内容分层。这种教学内容层次划分的基本思路，是以广泛性为前提，注重对体育教学内容横向联系的理解，缺少对体育教学内容纵向复合性的探究，简而言之，就是割裂了体育基本知识、运动技能以及知识引申的情感态度与价值观的纵向联系。与此同时，以广泛性为前提的分层方式，尚需两个必要条件：第一，对教学计划的全面预设；第二，采用模式化的教学设计。但在实际的教学情境中，充斥着机变与创生，两个必要性条件难以得到满足。同时，模式化的教学设计封闭了教学创造性发生的可能，以传统教学内容分层的思路作为体育教学内容分层的基本逻辑，很难探究不同运动技能间的内在联系，况且运动技能种类繁多，技能分类的原则与方式皆有不同，以具体项目划归的分层逻辑不仅缺乏操作性，体育教师在教学内容的选择上也很难穷尽所有运动技能，以致无法揭示教学目标与教学内容的一致性、教学要求的差异性、传承文化的时效性、难易技能的包涉性。根据体育知识的基本属性和内在结构，能够有效建立不同运动技术链间的横向与纵向联系，并能使其匹配不同阶段（不同水平）的教学目标，才是体育教学内容分层逻辑的关键。而传统的教学内容分层主要依赖部分学科知识特点追求泛化性的教学结果，问题在于，"目标统领内容"，也就是根据教学目标设置的"目标的内容"而不是"内容的目标"。这样既脱离了教学目标与教学内容间的内在联系，割裂了"技能目标""体能目标""情意目标"的统一关系，又抑制了特定教学情境下教学主体（学生）对教学载体（教学内容）所能生发的情感、态度和价值观，以致无法实现各阶段教学内容衔接的潜移默化。因此，体育教学内容分层的问题归根结底就是处于某一水平（某一年级）的学生应该学习什么样的内容以及应该达到什么样的技能标准和情感体验的问题。

通过解构体育知识基本属性的相关结论可知，体育知识的内在结构是以探索人类动作发展的一般性规律为前提的水平体系，处于不同阶段的少年儿童其动作模式、动作技能以及相关运动能力的发展均呈现出递阶性特征，以此说明少年儿童动作发展的质量、顺序、积累方式等存在一定的发展规律，且少年儿童可通过传授身体运动的概念、原理、策略和方法，强化体育基础知识，提升身体活动和体质水平，通过切身的学习挑战与体验，得到情感意志以及社会适应行为的培养。在此过程中，基础动作、基本动作技能、基本运动技能（过渡性运动技能）以及综合性运动技能（复杂性运动技能）

代表了动作技能学习的四个阶段，且不同阶段对人体功能、机能和体适能的要求有所不同，要求的不同意味着技能微观动作结构与宏观组织策略的差异，微观动作结构的差异指向动作技术操作难易度的自寻辨识，即动作的结构性差异内生了动作技术学习的客观规律。宏观组织策略的差异则指向前提性基础结构设计上的互异，也就是不同学习任务的特性决定了其前提性基础结构运用的可能，用于强调如何建立课程内容与教学目标的联系及其对接的问题。所以认为，基础动作、基本动作技能、基本运动技能以及综合性运动技能构成了体育教学内容的四个层级，以此作为体育教学内容层级划分的依据，有利于实现不同层级体育教学内容与多元体育教学目标的统合。

（三）体育教学内容的排列方式

教学内容排列方式的合理化性是对教学系统性以及教学内容配比合理性的回应，知识的学习必须系统化，知识的传授必须遵循严密的逻辑顺序，如何实现运动技能作为知识的系统化转化，则需深入探究运动技能作为系统性知识的基本特征及其习得性规律。传统的体育教学内容排列方式主要包括"螺旋式排列""直线式排列"以及"周期循环"三种排列方式。螺旋式排列的主要特征为：相同教学内容在各年级反复出现，主要适用于复杂性运动技能的排列。直线式排列强调不进行相容教学内容的重复排列，通常用于设计比较简单容易掌握或比较复杂不需深入学习的教学内容。周期循环式排列主要根据教学内容的属性特征，将其分为精教类、简教类、介绍类以及锻炼类四个层次，并进行大小单元与大小周期的交替设计，主要通过周期循环与练习强度调节体育教学内容的排列方式。其中，螺旋式排列与直线式排列是以运动技能的难易程度作为排列方式选择的依据，而周期循环式排列主要是以对教学内容在时间序与空间序的排列规律的探索为基础所构建的排列方式。以上排列方式主要从体育课程内容的性质（必修课或选修课）、体育课程内容的形式（基础理论知识和操作性知识）以及体育课程内容的组织方式中提取教学内容的共性特征所设计的排列方法，但从以上的排列方法很难回应如下问题：①如何梳理体育知识的发展顺序和逻辑关系，也就是如何对体育知识进行从低结构到高结构的分级；②如何衡量不同技能特征及其难易程度的标准；③如何确保教学内容在时间序与空间序中排列的合理性。

导致这些问题的根本原因在于，传统的体育教学内容排列方式是体育教学目标统领教学内容的结果。就是依据教学目标所规定的范畴，确定不同教学内容间难与易、多与少的组合问题，表现在以具体运动项目为单位，如"篮球""铅球""中长跑"等，不同项目的总称作为教学单元的总体，将具体的技术教学转化成具体教学单元中的教学顺序。这种设计理念均是以各水平体育教学目标设置为基础所遴选的"目标的内容"。然而，对应具体教学目标所甄选的教学内容实际上回避了对学生动作发展规律的科学认知，也就很难把握不同教学内容间共性的功能结构，也就无从定论处于不同水平的学生应如何选择与其对应的教学内容。体育教学内容的变易是无边界的，所以我们在甄选体育教学内容时，不可能穷尽所有的运动项目，但体育教学内容在关键性特征上的变易是有边界的，所谓关键性特征，是指某项体育教学内容中最核心要素，如直线跑、曲线跑、变速跑等不同形式的跑，跑的基本特征即为建构不同教学内容的核心特征。由此认为，探讨体育教学内容排列的法则，并非单纯以体育教学内容的性质、形式或组织方式作为体育教学内容排列设计的依据，而应抓住不同体育教学内容的核心特征，以确立不同教学内容在时间序与空间序中排列的先后顺序和教学内容排列的标准。通过对体育知识结构以及学习规律的探索可知，动作单元构成了体育知识的蓄积方式，动作单元是人类基础动作模式的包涉性概念，不同动作模式的功能差异构成了不同体育教学内容的核心特征。因此，以多元体育教学内容的核心特征为基础所建构的体育教学内容排列法则乃是一种新的体育知识的传习方式，新的传习方式是以体育知识的操作性属性为基础，表现为身体运动系统反复操作后，产生实有功效的程序化知识的形态。

程序化知识强调知识的学习是有先后序列的，程序本身指方法，"化"表示学习的过程，运动技术的学习也尝试被定义为操作性知识的程序化过程，运动技术学习的程序设置，也就是学习运动技术的先后顺序，受到不同运动条件的限制，从而提出体育教学内容的"条件式排列"法则，旨在说明体育教学内容的排列应在探索体育共性知识结构的过程中，不断询证知识结构的组合条件。例如：如何根据篮球技能的技术要求和核心特征衍生出多样化且具有明显难易区分度的教学内容，并如何排列其习得的先后顺序，使之准确迎合某一具体学段的教学目标。根据 Gentile 等人提出的二维动作技能分类法的基本观点可知，任务的环境背景以及任务的预期功能制约着动作技能的操作条件，环境背景的限制条件越多，任务的功能越复杂，所需的技术动作越复杂，参与活动的肌肉越多，体能要求越高。因此，运动技能传习的难易程度受到不同环境背景及其预期功能的双重制约，反映了不同技能的动作特征和系统特征，从而确定不同运动技能在时间与空间中的习得序列。

（四）体育教学内容遴选的依据和原则

1. 遴选体育教学内容的依据

已有知识论的观点认为，教学就是教师与学生之间展开的关于知识的传习活动。那么，体育教学就是体育教师与学生之间进行具有不同运动知识特点的传习活动。体育知识的传习依赖于人脑的认知信息加工以滋生人类运动经验的蓄积，这种运动经验蓄积过程乃是人脑信息加工的结果，是组织人体运动的程序性规则。该程序的确立关涉人体运动的基本规律，而动作是构成不同人体运动形式的基元，是构成运动技能的结构性基础，因此，体育教学内容遴选的关键在于整合不同运动技能的动作结构特征及其序变规律，探究既定运动条件下，不同运动技术的结构性特征及其衔接方式，以询证特定内容的组合功能及其传习的递阶规律。

2. 遴选体育教学内容的原则

一直以来，遴选体育教学内容的原则总是在传习运动技术或是增强体质中往复徘徊，实际说来，技术是理解运动的关键，运动技术反映了人体同运动条件的相互作用和相对运动的合理关系和合理过程。而运动条件关涉经由科学实践引证的人体动力学、运动学相关的客观因素，如具体人的体格、体力，也就是说，运动技术的学习必然伴有具体关节的力量、柔韧等体能问题，而运动技术的正确传习自然会招致技术提升和增强体能的双重收效。通过剖析体育知识属性及其传习规律可知，运动技术的传习是不断强化动作结构在时空关系中逐步稳定的过程。在动态的操作环境中，稳定结构的建立主要依据身体(肢体部位、身体形状、身体活动)，空间(方向、水平、路线、伸展)，动力(因素和韵律)，关系(互动对象、互动模式)等多元动作相关要素的组合方式的变异加以呈现。换言之，一切教学内容的甄选均应来自动作四要素变化配合的结果，其原理在于技术指称人体各关节的相对运动，各关节运动的次序、路线、强度、方向等要素就构成了运动技术互异多变的关键，为实现体育对人体自身的改造创造了条件。因此，体育教学内容的遴选应遵循技术性原则，以强化运动技术的功能性和递阶性。

构建适性化的体育教学内容体系是达成体育教学目标的重要基础，适性化的体育教学内容体系应是符合学生身心发展特点，适合不同学段、不同水平，并具有高度灵活性和可操作性的体系化结构。以动作指向技术合理性的要求为前提，其内部符合人体生理学结构，其外部服从人体运动规律，反映了人体在不同的运动情境下，身体运动表达的合理性，从而实现了特定教学阶段与特定教学任务的功能性对接，对准确揭示体育教学内容的递阶性以及促进体育教学内容的功能性开发具有重要意义。

第四节 我国体育教学内容存在的问题及分析

体育教学内容作为素质教育中不可或缺的内容，是培养高综合素质人才的必然途径，虽然新教育理念和新课程不断推广和深入，越来越多老师开始注意体育学科建设，但是传统应试教育的思想还没有完全退却，有的教师和家长仍然并不重视体育学科，教学上教师在内容制定上过于随意，缺乏科学性，严重的影响学校体育教学活动正常开展，严重地制约了学校体育学科建设。

一、学校体育教学内容设置上存在的问题

（一）教学内容过于僵硬，创新力度不足

虽然说体育课是一门以实践为主的教学活动，但是在学校教学中，每个学期的首堂课通常都是在教室里完成，教师会对整个学期的教学内容进行一个简单的概括总结，并对学生进行一个简单的指导，从学校的教学内容设置来看，设置的内容很多地方都是存在着过度成人化、竞技化的倾向，年龄与教学内容上不匹配很容易导致学生对学习内容失去兴趣，学生很难积极主动参与到体育活动中。同时，有的学校体育教学内容设置上过于随意或者过于僵硬，这很容易让学生产生体育学科属于不受重视学科的错觉，于是出现学习兴趣不高等问题。

（二）体育教学目标失准

通常来说，学校的体育教学内容设置上是根据学校体育教学大纲设定的，而学校的体育教学大纲则是根据以往的体育教学总结的经验以及在目标研究基础上形成，所以学校体育教学的目标就显得尤为关键，有的学校制定的体育教学目标较为符合学校的教学特点和现状，但是不可否认的是目前有的学校的体育教学目标还缺乏一个全面的、科学的研究和规划，导致了学校体育教学目标不明确，使得教学内容设置上也不切合学校的实际情况和学生的特点，阻碍了学校体育学科的发展。

（三）课程内容无法培养起学生体育锻炼意识

对于学校的体育教学来说，在课程的内容设置上应该需要培养其学生终生锻炼的意识，因此在教学内容设定上需要以终身化的教育为主，但是很多学校正是忽略了这一点，导致内容设置上并没有结合终身化的教育目的需求，就拿高校体育教育来说，通常都采用的是一年级体育基本课程教学，二年级选修，三、四年级没有课，这种教育局面很难让学生形成一种终身化的体育锻炼意识，因此这一现状势必在未来会有所改变。

二、学校体育教学内容设置上的改进措施

（一）加强学校体育师资建设，增强创新意识

学校的体育教学内容在设定上通常都是由教师根据学校的体育教学目标进行灵活设置，因此体育教师的综合素质高低就成为教学内容制定的是否科学、完善的主要影响因素，所以学校应该重视体育教师的综合素质培养工作，加强学校体育师资建设，

以不断的结合学校实际情况和学生特点进行改革创新，以不断地完善体育教学内容设置，同时提高体育教师的综合素质同样能够提高体育教学的质量和效率，这对学校的体育学科发展极为有利。

（二）完善教学质量评价

体育教学是否得到了有效合理配置是影响体育教学质量的重要因素，体育配置直接能够反映出学校体育教学的质量和效果，因此在学校内容设置阶段需要建立起一个科学完善的教学质量评价体系，选取合理的评价指标，根据各项评价指标来反映当前体育教学的质量，从而发现问题并完成内容设定的创新与改进，同时教学的质量又直接反映出体育教学内容制定的是否合理，可见教学内容、评价体系、教学质量是一个有机的整体，能够全面反映学校的体育教学情况。

（三）教师要注重实践和研究

随着教育制度的改革，目前的学校体育教学通常都是按照新大纲《体育与健康教学大纲（试行修订本）》作为体育内容教学标准。在内容的制定上，学校体育教师的自主权较大，为了进一步的制定出更合理的教学内容，需要体育教师不断地研究，不断的实践，通过研究和实践来不断地总结经验，不断的完成教学内容设置的创新和完善，如此体育教学内容将会越来越完善，也必将有利于提高体育教学的质量和水平。

（四）学生主动积极的创新

体育教学内容的完善并不单单是体育教师的责任，同时也是所有学生的责任。首先要让学生明确的是学习内容的制定是为了让学生本身更好进行学习，学习是否有效还得是学生自己说了算，因此需要学生对当前的教学内容进行尝试过说出自身的感受，并向体育教师提出相关的建议，这样不仅快速的提升教学内容的完善度，同时也能够加强师生间的交流，还能够不断的培养学生的创新能力、发现问题能力、思考问题能力和解决问题能力。

总体来说，随着素质教育理念不断的推广和深入，学校的体育教学越来越受到人们的重视，但是在体育内容的设定上还存在着一定的问题，为了切实的满足素质教育的教育要求，本节就主要对当前学校的体育教学主要面临的内容设置问题进行了简单的分析，并提出了几点笔者浅薄建议，希望能够有利于体育学科的建设，有利于提高学校的体育教学质量和教学水平。

第五节 我国体育教学内容的发展特征

新中国成立以来，我国普通高校的体育教学内容随着社会的发展大体经历了三次比较大的改革，第一次变革是新中国成立后到 70 年代，这一次的体育教学内容，注重技术和体力的提高。响应毛主席："锻炼身体，保卫祖国"的号召，体育教学内容，有鲜明的政治目的，体育课基本都是跑、跳等提高体能锻炼为主的体育教学内容。70 年代末，提出了以增强体质为目的的体育教学内容，主体内容仍然基本沿用以前的教学内容，体育教学单纯的是为了提高学生的身体素质，达到健康的目的。到了 90 年代末，我国的体育教学内容向生理、心理、社会的功能方向转变，酝酿更大的改革，提出体育教育要满足培养学生的身体健康、运动技能的学习、社会适应能力。目前，普通高校体育教学内容已经发生根本的变化。普通高校的教学内容具有更鲜明的特点。

一、体育教学内容有鲜明的时代性特点

时代在发展，科学在进步，经济全球化，各国的政治、经济、文化交流频繁。高校的体育教育，作为高校教育的重要组成部分，体育教学内容也有鲜明的时代特点。

（1）体育教学内容符合民族化、国际化的需要。从我国目前的普通高校的体育教学内容来看，体育教学内容是民族传统体育和国际体育教学内容接轨。我国的普通高校的体育教学内容有鲜明的民族特色，例如，武术，太极拳等等，几乎全国所有高校都在开展，是高校体育教学内容的半壁江山，同时，有浓郁地方特色的校本课程的教学内容，更是包含地方特色的体育运动，例如，具有我国特色的摔跤、赛龙舟、舞狮、舞龙、登山、拔河、象棋、围棋、毽子、风筝等体育运动项目在各个高校相继开展，高校间的各种民间体育的比赛也相继开展，进一步促进了民族传统体育在高校的开展和发展。同时，普通高校体育教学内容又与国际接轨，有鲜明的国际特色，例如，拓展定向运动、攀岩、网球、高尔夫球、滑旱冰等国际流行的体育运动，自从课程改革以来，如雨后春笋般在普通高校的体育教学内容中展现出来。这充分体现了普通高校体育教学内容的国际性特点，充分体现了高校符合高校作为我国发扬民族文化，吸收外来文化的文化堡垒的特点，是先进文化的吸收者和传播者的角色。这种普通高校体育教学内容的民族性、国际性的特点，符合中国的时代发展特点。

（2）高校体育教学内容领域渗透当今先进的科学技术。"科学技术是第一生产力"，改变着人类的物质生产和生活水平，必然丰富和提升着人类文明的形式和内容，科学

技术运用到体育领域，大大提高了运动的外部环境和内部质量。科学技术尤其表现在竞技体育的场地、器材、装备、训练等方面，促使竞技体育的水平不断的突破，而随着我过竞技体育高校化的进程，必然渗透都高校体育教学内容的领域，对高校的体育教学内容产生影响。从整体来看高校运动场馆的现代化，运动器材的高科技都促使体育教学内容的变革。高校体育教学再也不是以前的一块场地，一群学生的情况，各个大学都拥有现代化的体育场馆和器材，科学技术运用到体育领域，提高了校园体育运动的安全性，可行性，增进了学生的健康水平。

（3）高校体育教学内容符合我国经济发展的高速发展的需要。经济的发展，消费者的消费结构也发生了巨大变化，让很多昂贵的运动项目有了走进高校校园的可能，学校有了经济条件开设高消费的体育运动项目，学生也有经济能力来承担高消费的体育运动.学生有能力承担，高昂的场地费、器材费、装备费用。经济实力的提高，学生不再满足去简单的跑步、篮球、足球、武术等传统的体育运动，很多学生紧跟时代的潮流，更愿意参与到高尔夫，网球，定向越野运动等体育运动。相反，学生对这些体育运动喜爱，又促进了体育相关产业的发展。

（4）体育教学内容满足当今大学生对的体育内容的需求。当今大学生接触的新生事物多，接受能力强，接受快，更具有冒险和尝试精神，很多学生对新事物的体育运动的内容接受很快，更愿意去尝试。从体育教学的内容上来看，大学校园的体育教学的内容，都紧跟时代的步伐，新鲜的体育运动很快就走进校园。例如，有的大小校园甚至出现了橄榄球、攀岩、保龄球、登山等体育运动项目。这些体育运动的出现，目前高校体育教学的内容的变化满足了大学生需要，满足对新鲜体育运动的追求。

二、体育教学内容的休闲性特点

从普通高校的体育教学内容来看，越来越注重体育的娱乐休闲的功能，很多高校都增加了休闲、娱乐性强的体育运动项目，例如，小球类运动，户外健身拓展运动，极限和强烈运动，有氧体操运动，太极拳等休闲运动。这些体育运动在高校中深受学生的喜爱，降低了体育的竞技功能，更多的体现体育的休闲、娱乐、放松的功能。高校体育教学内容的选择适应时代发展要求。

（1）体育教学内容的休闲性特点是社会发展的需要。随着我国经济的发展，生产率的提高，人们又更多的闲暇时间由自己支配，人们的生活观念发生了巨大的变化，"花钱买运动，花钱买健康"已成为新的社会时尚。休闲体育与人们的生活水平和生活方式有着直接的联系。大学生作为将要走进社会的成年人，需要增加对社会生活的体验，自然而然的增加了对休闲体育的需求，也是大学生融入社会的需要，促进了休息体育教学内容走进大学校园，例如，国际交际舞，形体舞蹈、健身操、斯诺克运动、台球运动、拓展运动等等走在很多大学中开展。

（2）体育教学内容的休闲性特点是大学生生活方式转变的需要。社会竞争日益增加，大学生作为生活方式变化最活跃的一个阶层，也必然接受来说竞争的压力，现代大学生学习的竞争激烈，生活节奏快、效率高、生存压力大，增加大学生的精神压力，带来一系列的心理健康问题，大学生需要能调节心理压力、促进身心健康的休闲运动方式。而休闲体育锻炼不仅仅是身体锻炼的需要，也是休闲娱乐，排遣压力的最有效的方法。在这样的社会背景下，普通高校以愉悦、放松、休息为主要目标，带有休闲、娱乐，积极态度的休闲体育，成为学生的追求方式。

三、体育教学内容向更有教育功能方向发展

高校体育教学的本质功能是教育功能，目前体育教育目标向综合化，全面化方向发展，不但要增强学生的体质，还要培养学生的心理品质、情感体验、社会适应能力、形成良好的道德，这样一来，体育教育的内容的选择要能充分挖掘和发挥了体育的教育功能。

（1）体育教学内容满足学生体育运动实践的需要。体育教学必须通过身体实践活动，学习运动技能，并承受一定的、适宜的运动量，以促进身体素质的提高，身体的全面发展，在运动实践活动中，掌握健康的知识技能，培养体育兴趣、良好精神及锻炼习惯。目前普通高校体育教学内容的改革，目的让学生能掌握1—2项体育运动项目，毕业后易于坚持锻炼的运动项目，不受年龄，运动负荷限制的运动项目，掌握体育运动的方法和手段，体育是一种习惯，不是仪式，体育在体育课中，更在生活中，满足学生走入社会，形成终身体育锻炼习惯的需要。

（2）体育教学内容满足对大学生心理发展的需要。大学生作为一个特殊的群体，是国家发展的栋梁，体育教学内容要发挥体育的教育功能，符合学生心理发展特点，满足培养大学走入社会的各种品格，发挥体育教育的特殊的教育功能，培养大学生稳定、健康的心理品质，培养大学生坚强、勇敢、顽强、不服输的精神，锻炼大学生承担成功和失败的心理能力。为大学生走入社会，面对各种各样的挫折做好准备。

（3）体育教学内容满足大学生适应社会发展的需要。大学生最终是要进入社会，融入社会，成为为社会发展做出贡献的人，目前高校体育教学的内容安排体现出培养大学生的团队意识和协作精神。发挥体育教育的特殊教育作用，体育教学内容的安排，在体育运动中体现出不同的社会角色，学生参与其中，犹如参加社会实践活动，体验不同的社会角色，锻炼自己的适应能力。

四、目前普通高校体育教学内容存在的不足

（1）教师的配备无法满足学生对体育教学内容的需要。目前，高校体育教学内容变化速度快，以前一些高校必修的体育教学内容，通过高校体育课程改革，都已经失去了市场，例如，田径运动、部分球类运动。由于学生选择教学内容的自主性增加，学生都选择自己最喜欢的体育运动项目，一些时代性强，运动方式新颖，运动价值高的体育项目受到更多学生的青睐，学生对教师的要求也越来越高，而从目前的教学情况来看高校的体育师资的力量，很多教师都是临时改项，教师对很多运动项目是一知半解，无法跟上学生对体育运动项目选择的步伐，无法满足学生对体育运动技术的高要求。教师无法完成教学，这样的课程内容设置形同虚设，大大降低了体育教育的功能。

（2）高校的教学内容没有突出自己的特色和地方体育资源的体育教育。很多普通高校的体育教学内容，从表面上看紧跟时代的潮流，体育教学的内容开得很多，但没有自己的特色，没有考虑自己学校的实际情况，就盲目地开始新颖的体育教学内容，例如，有的高校盲目的开展高尔夫项目的体育教学，由于没有硬件设施，学生高尔夫球杆都没有，只能做原地的徒手练习。这样一来造成体育教育资源的浪费。学校应该更加自己学校的实际情况，学校的软件条件，硬件设施，有条件的、有选择的选择体育教学内，突出学校体育教学的特色。地方体育资源的体育教育是我国高校体育教育内容的重要组成部分，我国的普通高校不能一味地眼睛只看到国际，国内一流大学开始的体育课程，而忽视自己眼前的体育教育资源。国际、国内一流的大学他们有一流的人力资源和资金投入，不是普通高校能比拟的，而地方体育资源，民族性强，方法使用，锻炼价值高，更能适合地方大学的体育教育。

第三章 体育教学设计理念

第一节 体育教学设计的基本理论

对体育教学设计的要素内容及撰写规范进行归纳和分析，得出体育教学设计包括指导思想、教材分析、学情分析、教学流程、场地器材、安全防范和课时计划等7个要素，并对每个要素的撰写要求进行分析。

体育教学设计是体育教学工作的重要内容。高效的体育教学必然要求高质量的教学设计。但从当前的研究来看，一线体育教师的教学设计存在着一些问题，如基本要素不全、随意增减内容、撰写不规范、分析不深入、缺乏针对性等问题。反映了一线体育教师理论水平不高，教学设计能力不足的问题。本节在参考同类研究的基础上，深入分析体育教学设计的基本要素及各要素的撰写规范，以期为体育教师撰写规范的教学设计提供参考。

一、体育教学设计的概念

体育教学设计是指为了达成一节体育课预期的教学目标，运用系统观点和方法，遵循教学过程的基本规律，对教学活动进行系统规划的过程。体育教学设计直接指向的是课堂，是对体育课堂教学的整体构思与具体规划，体育教学设计与教学计划是具体落实与的宏观规划关系，与课时计划是上下位概念的关系。体育教学设计涉及从内容选择到方法的选用；从学情分析到练习方式的安排；从场地的布局到教学的流程等一系列内容，实际上是要通过分析阐明教什么、为什么教、如何教等一系列教学基问题。

二、体育教学设计的基本要素

长期以来，我们对教学设计概念的认知不清，在全国第八次新课改后，许多"新理论"不断涌现，令人应接不暇。直接导致了一线教师教学设计模式层出不穷，参差不齐，甚至在全国性比赛中都存在此类问题。但经过这些年的深入研究，体育教学设计基本要素基本固定下来，一般认为体育教学设计包括指导思想、教材分析、学情分析、教学流程、场地器材、安全防范和课时计划共7个要素。其中，前6个要素是从总体上对体育课的构思与分析，通常以文字形式呈现，课时计划则是教学设计最核心的部分，是课堂教学实践的直接依据，一般以表格式形式呈现。

三、体育教学设计的基本要素分析

（一）指导思想

指导思想看起来虚无缥缈，与教学实际没有密切的关系，但它却起着导航的作用，是开展体育教学活动的方向和依据。指导思想一般都会陈列在体育教学设计的首位。其撰写要求为：站位高，引领强，有针对性。指导思想可分为宏观、中观和微观三个层次，如立德树人，全面发展等属于宏观层次的提法；课程标准、课程目标等属于中观层次的提法；运用有球练习提高学生的足球球感，运用丰富多彩的教学手段促进学生蹲踞式跳远技术的提高等属于微观层面的提法。

（二）教材分析

教材是教学的载体，离开了教材，教学就无从谈起。新课改要求将教教材改为用教材教，即要树立教材是为学生发展服务的理念。体育教学设计中的教材一般是指狭义的教材，即教学内容。教材分析要在全面了解所选教材的前提下，深入分析其特点、功能、技术要领、中难点、教学方法及一些关联性因素。务必要阐述清楚体育教学教的具体内容是什么，教的目的是什么，教的方法和手段是什么等等。凡是不对教材进行深入分析就开展教学便是随意教学，盲目教学，为学生发展服务便是无从谈起。因此，在撰写教材分析的时候要写全、写实、写透。

（三）学情分析

学生是课堂的中心，教学活动的出发点和落脚点都是学生。只有准确了解了学生的情况，才能选择合适的教学内容，制定合理的教学目标，采取合理的教学方法和组织形式。学情分析包括学、情和析三个方面的内容，学是指学生的人口学情况，如人数、性别、健康程度等；情是指学学习的情况，包括课堂内和课堂外的情况；析是指分析，在把握学和情的基础上进行深入分析。换句话说，对学生基本情况的描述是必不可少的，但不能仅仅停留在阐述学生的年龄、性别、生理与心理特点、兴趣、爱好等，还应对与本节课密切关联的学生体能基础、技术基础、学法基础、锻炼习惯、学习态度等进行客观分析。从而实现描述和分析两个层面的叠加效应。因此，在进行学情分析时一定要与课堂挂起钩来，避免出现放之四海而皆准的学情分析"真理"。

(四)教学流程

教学流程顾名思义是指教学环节的流程,主要是指教与学成分环节的活动程序,通常是主教材的教学步骤。而教学流程最容易被误认为是课的流程,其主要原因在于对"教学"的概念把握不准。一节课中并不是所有的环节都属于教学环节,如课堂小结、放松活动、体能练习等就不具有教学性质,不能成为教学流程的内容。对于教学流程而言,只要在教学流程要素下讲明主教材教学的各环节安排及相互关系,就已经达到了最基本的要求。

(五)场地器材

场地器材是开展体育教学的物质保障,同时也是安全隐患的集中区。场地器材的基本要求为安全系数高、面积(数量)充足和布置合理。安全系数高主要是指场地器材结构牢固,无明显示滑,不能出现因场地器材安全性不过关导致的伤害事故,如学生使用本已断裂的单杠时摔伤,准备活动慢跑时踩到水摔倒等。面积(数量)充足是指在实际条件允许的情况下,尽量给学生增加练习面积和设备,提高练习密度,巩固技术效果,如前滚翻练习时增加垫子数量,增加学生练习的次数。布置合理是指场地器材的布置要充分考虑教学内容、教学方法、学生特点以及教学环境等方面的要求,要让场地器材更好地为教学服务,为学生的发展服务。

(六)安全防范

安全防范体育教学设计的重要内容,安全防范针对的是体育活动存在的一定概率的身体伤害隐患。良好的安全防范措施可以大幅度降低学生受到运动伤害的概率,同时也可以在体育伤害事故发生后教师被认定为主要责任人的现实情况下最大限度地保护教师。但实际上安全防范意识并没有在体育课堂上树立起来,在教学设计中也往往被虚无化。造成安全防范有需求却无落实,有提及但不具体,有要求而无操作的尴尬现实。在撰写安全防范时,要从教材到教学,从场地器材到组织,从生理到心理等多角度分析安全事故发生的可能性,并根据安全隐患的类型采取针对性、操作性强防范措施,真正做到防患于未然,要让"注意安全"从口号变为实际,从"安全防范很重要"走向"安全防范很到位"。

(七)课时计划

课时计划亦称教案,是教学设计的最核心内容,是课堂教学实践最直接的依据。完整的课时计划应包括教学内容、教学目标、重难点、课的内容、师生活动、组织形式与要求、时间次数强度、练习密度、负荷预计、课后反思等内容。在撰写每一部分时,都需要做到明确、具体、科学、实际。不要出现"进一步提高学生蹲踞式跳远的技术""初步掌握篮球肩上投篮动作""通过本课学习，学生排球技术大幅度提高"等模糊表述，让课时计划真正回归其教学依据本质。

四、体育教学设计基本要素的应用性

体育教学设计的基本要素包括教学内容、教学对象、教学目标、教学过程、教学评价等，体育教学设计的基本要素是相互联系又相互制约。体育教学设计就是要根据教学目标、教学要求、教学过程、教学环节、教学评价等要素设计教学。在体育教学中，教学的整个过程都是依据教学设计来完成的。现结合初中七年级"蹲踞式跳远"教材案例的应用要求，提出相应建议。通过这种应用性的研究使体育教学设计更加成熟，以达到进一步提高体育教学水平的目标。

（一）以学生为主体设计好教学内容要素

教学内容是教学的依据，是设计教学目标和教学过程等要素的依据。教学设计是对教学内容和教学过程的教学安排计划，是对教学过程的整体的安排和实施方案。教学内容是体育教学设计主要因素，要保证体育课堂教学的有效性，就要设计好教学内容要素。我国的体育教学有统一的教学大纲和课程要求，教学内容有明确的规定，但由于教学对象的不同学生的个体差异等因素，在教学中对教学内容的安排和设计也有很大的差别。对教学内容要素的设计要根据不同的教学对象，遵循学生为主体的教学原则，体现学生在教学中的主体地位。在教学过程中，它所起到的是方向性作用，为教师制定教学设计提供依据。但多少年来，体育教学很少去设计教学内容这个基本要素，总认为教学就依据规定的教学内容去设计和安排教学，课堂教学环节和教学过程等体育元素才是教学设计最为重要的要素。在2011年教育部颁发的《义务教育阶段体育与健康教育课程标准》中强调了体育教学设计要素的重要性，指出体育教学设计要素：（1）始终以保持学生的身体和心理健康为教学目标；（2）教学过程应当有利于培养学生锻炼身体的兴趣和正确的身体锻炼方法；（3）课程要以学生为主体，注意激发他们的创造性。

体育教学内容设计要素是进行教学的依据，但并不是一成不变的，同一个教学内容应该根据不同的教学对象而有所变化，要体现学生为中心的教学原则，教学对象是教学内容设计要素的出发点，根据教学内容的不同要进行不同的教学设计，对教学过程的安排既要从学生的学习实际出发，还要根据教学内容去设计体育教学元素。在进行《蹲踞式跳远》教学设计中，作为教师，我们一定要在教育部颁布的《义务教育阶段体育与健康教育课程标准》的指导下，以教学的实际情况确立多层次的教学指导思想：在教学目的上，我们应当以《义务教育阶段体育与健康教育课程标准》为参考依据，坚持把学生的身体健康始终放在第一位，将学生的实际身体状况与教学目标相结合，制定出符合实际的教学设计；从学生的发展上，要遵守《义务教育阶段体育与健康教育课程标准》的指导思想，在制定教学设计中突出学生的主体地位，增加学生主动练习的环节，充分激发学生的兴趣和积极性，从而培养出学生体育学习兴趣和主动获得知识的能力。

结合以上概念解析和案例应用，我们可以得出以下结论：首先要依据新教育理论，再结合我们体育课堂中实践和贯彻终身体育的总体要求，从"健康角度"和"学生发展"出发，履行新《体育与健康课程标准》要求的体育教学观，紧跟时代的节拍，以学生为中心，注重开发学生的主体性和创造性。

教学内容是其他教学设计要素的依据。教学对象的学情是教学设计的前提。教学内容和教学对象是制定体育设计的指导思想和出发点。学情分析主要是指对学生的起点状态分析以及潜在状态分析两部分。学生的起点状态分析主要包括三个方面：知识维度（学生已掌握的知识基础）、技能维度（学生现有的学习能力）、素质维度（学生的学习习惯、学习态度和个人的意志品质）。学生的潜在状态分析主要是指学生将来有可能发生的状况以及趋势的分析，主要是在现有的基础上分析学生能够在知识与技能、过程和方法、情感态度价值观等达到什么样的高度。

具体到蹲踞式跳远教学设计当中，教师可以在多个方面进行充分的学情分析。首先在学生的身体特征方面，七年级的学生在身体上正处于急剧变化的时期，身体的外形以及各个系统器官都处于快速发展中，学生的身体具有极强的可塑性，体育运动和锻炼对学生身体的发展具有极大的促进作用。其次在学生的心理特征方面，按照埃里克森的心理发展八阶段论阐述，七年级的学生正处于角色的自我统一时期，在模仿、观察、逻辑分析、可逆运算等方面都有着很大的提高，他们接受知识和模仿技能的能力增强，很适合教授他们一些基本的体育运动知识和技能。但七年级的学生正处于青春期，会产生一些心理问题，主要表现在自我意识高涨与反抗心理。

结合以上概念解析和案例应用，我们可以得出以下结论：学情分析应该作为体育教学的前提，细致的学情分析是体育教学设计的重要保障。学情分析是动态的过程，既要重视课前备课时的学情分析，也要在课堂中对学生情绪变化做临时性的现场问诊，做出自己的判断，甚至课后对学情的反思也不能"过而了之"，应重视经验的总结和提炼。

（二）以教材分析为基础，把握好体育教学设计的关键因素

体育教学实际的关键性因素是教学目标与教学过程因素。教学目标主导了教学的

方向，教学过程决定了教学环节的安排。这些要素的设计在体育教学中是关键因素，也是教学设计因素的重点和难点。而要设计好关键要素，教师就要理解和把握教材，对教材内容进行分析和处理。教材分析指的是在教师进行教学之前，首先通过个人或者团体对教材进行充分研修，把握教材的理念框架以及系统性，理解每一节课教材中的各个知识点，对教材设计的思路进行整理并加以剖析，再针对体育课堂中应当展现的教学内容进行系统性、全方位地设计好关键因素，教师的课堂教学设计是进行体育教学的首要环节，也是教学实践能否取得实效的关键性因素。

以《义务教育阶段体育与健康教育课程标准》为参考依据，教师可以从这样几个角度上去分析"蹲踞式跳远"的相关教材。在整个教学内容的地位上，蹲踞式跳远可以说是基础教育阶段体育教学的一项基本教学内容，它在锻炼学生的腰部力量、腿部力量、身体平衡性、身体柔韧性等方面都有着巨大的作用。在通过多种形式的练习基础上，还能使下肢肌肉富有弹性，培养出学生积极进取的优良品质和获取成功的良好心态。

结合以上概念解析和案例应用，我们可以得出以下结论：在体育教学中，充分而全面的教材分析是整个体育教学设计的关键所在。分析教材时，首先要认真研读教材内容，再结合"教材定性"和"教学形式"，分析教材中的问题线索、教学逻辑、活动指向、目的关联等，教师需要依靠问题线索逐步的探讨，才能让问题在课堂上得以解决。

1. 以分析教材为基础，设计好教学目标要素

教学目标是指教学活动预期要实现的结果，是教育目标和课程目标的具体化，也是教师完成课堂教学任务所要达到的要求及标准。教学目标相比课程目标更具体，是课程目标在具体的课堂教学过程中的体现。在体育课堂教学中，教师应当依照课程目标和具体的教学内容来制定详细的教学目标以便选择教学内容和确定教学目标。

在"蹲踞式跳远"教学设计中，教师根据对教材和学情的分析，可以对七年级学生制定具体的教学目标，主要是让学生习得蹲踞式跳远的技能，掌握蹲踞式跳远的技术特点，使学生对蹲踞式跳远有一个理论上的认识，以正确的动作完成蹲踞式跳远。通过学生练习蹲踞式跳远，能够提高学生的肌肉系统、关节系统的平衡能力以及身体协调能力，提高学生的体质。通过蹲踞式跳远的练习，来树立学生的自尊、自信，培养学生勇敢、坚毅和果断的意志品质。在教学过程中，教师要采用讲解法、示范法、练习法等多种教学方法相结合的途径进行系统的教学。

在教学中，对于同一教材，我们制定什么样的教学目标就决定了使用什么样的教学方法，目标设立的不同或者方法采用的不同，都可能导致课堂效果的不同。

2. 以重点难点为标尺，设计好教学过程

教学重点是根据教学目标，在对教材进行科学分析的基础上而确定的最基本、最核心的教学内容，一般是各个学科所阐发的最重要的原理和规律，是学科思想或学科特色的集中体现。教学难点而是指学生通过学习仍然不能轻易掌握的知识和技能。重点和难点是两个概念，两者有时会有交叉，有时又完全不一样。

具体到"蹲踞式跳远"教学设计当中，教师可以根据教材以及学生的特点，设计出当堂课的重点和难点。其中教学重点主要就是上板积极，起跳充分，摆臂，蹬腿迅速，腾空高，踞平稳，小腿前伸缓冲，落地稳。从教学难点上分析，起跳、助跑、腾空和落地的衔接，把重点难点做如此清晰的确定的主要原因，是由于蹲踞式跳远的过程要领决定的，而掌握蹲踞式跳远这一整个过程则是这一堂课的重要教学目标。

结合以上概念解析和案例应用，我们可以得出以下结论：教学重难点是教学设计中的重要因素，是学生掌握教学内容的重要标尺。分析重点难点时，首先要从教材基本性质出发，了解该教材的编写特点，再结合"学生的运动能力"和"技术的难易程度"，确立体育课堂中教材的重点难点。

（三）以教学流程为平台，把握体育教学设计因素的应用

教学设计因素是相互区别又相互联系的设计要素，体育教学设计要素作为教学要素又是相互联系的有机整体。设计的目的是为了应用。应用好教学设计要素是保证教学效果的基本保证。教学流程实际上就是教学过程，教学流程主要包括导入环节、讲授环节、练习环节和巩固环节。

具体到"蹲踞式跳远"教学设计中教师可以将教学过程设计成四个环节：导入环节，在课堂开始之前，教师可以让学生观看一些蹲踞式跳远的视频以及图片，让学生对蹲踞式跳远有一个最初的直观认识，激发学生的兴趣。讲授环节，这一环节教师主要是向学生讲授蹲踞式跳远的基本动作要领，通过亲身示范，直观地展示蹲踞式跳远的过程，让学生习得蹲踞式跳远的动作要领。练习环节，为了增加练习环节的趣味性，避免练习的枯燥，教师可以让学生做一些与蹲踞式跳远有关的小游戏，例如顶球游戏，教师可以将球置于高处，让学生慢跑中用头顶球，这样来练习学生的起跳和摆臂的动作。总结环节，教师在练习过后对学生的练习情况进行总结，指出其优缺点，以此巩固练习效果。

结合以上概念解析和案例应用，我们可以得出以下结论：教学流程关系着教学的实际操作，是教学设计中最为核心的环节。设计教学流程时，首先要准确地理解与把握好教材，再结合教材的"关系比重"和"教学重难点"，相应地进行合理的认定和安排。在教学中，教师对教材本身的理解越深刻，对教学内容的使用就会更趋于合理化。

教学形式在教学重难点和教学目标等方面加大分析力度，流程的设计就会更具有逻辑性和层次性，明确这一点能让教学流程层次清楚、简明扼要、一目了然，教学效果也将事半功倍。

通过前面几个基本要素的分析与铺垫，最后再制定出翔实的体育课教案，体育课教案应该是指导思想、教材分析、学情分析、目标方法、重点难点和教学流程等最终的表现形式，这些基本要素的分析与归纳统称为体育教学设计。体育教学设计是体育教学重要的组成部分，其重要意义在于教师通过体育教学设计的制定，从而提高体育课的课堂教学效率，激发学生锻炼身体的热情和信心。

第二节 体育教学设计的现状

随着新体育课程教学改革的深入，我国体育课程改革理念有了很大改变，学生的主体地位意识得到了很好的改观。但我国传统教育思想理念根深蒂固，并且在新中国成立时期很长一段时间内一直受苏联教育理论的影响，严重束缚着我国体育课程教学改革的思路。目前我国体育教学中学生主体地位意识薄弱，体育课程改革理念得不到很好的贯彻，其存在较多的问题。

一、目前体育教学中学生主体地位意识存在的问题

（一）传统的教学方式忽略了学生培养目标的多样性

受我国传统教育思想的影响，体育教师一直处于体育教学的中心位置，教师本身也把自己放在了主体地位，体育教师以传授运动技术技能为重要内容，强调学生要在教师的教导下完成教学目标。一般体育课的教学步骤是固定的，在教学过程中教师首先采用讲解示范对技术动作进行展示，随后指导学生模仿练习，纠正错误动作，最后通过让学生反复地练习达到掌握技术动作的目的。目前，大多数学校均采用这种教学程序，这种体育课程教学思想陈旧，教学目标单一，忽略了培养学生的体育学习意识目标，忽略了体育教学对学生身心发展的作用，忽略了对学生体育学习兴趣培养等目标。教师中心地位思想让教师极少考虑学生的学习感情，仅仅以为学生掌握运动技能就是所谓的学好了体育的全部的观念是非常片面的。这种单一传授方式在体育教学领域统治了许多年，自始至终都是政府、学校、教师自行安排课程内容与形式，然后在各个学校中进行推广，从来没有让学生自主选择学习内容和方式。学生只是一味地被动接受，学生没有机会表达自己的感受，我们也无从感知学生的体会，从而无法激起

他们的主观能动性，学生的主体地位自然无法得到保证。

（二）体育教师忽略学生主体地位

我国在不同时期都有不同的教学计划，教学大纲也处在不断变化当中。体育教师在安排教学计划、设计教学内容以及组织形式时，大部分情况下都是按教师擅长的技能、学校的条件、教学环境等实际情况进行教学设计，很少甚至几乎不考虑学生的实际情况。这是教学设计中的大忌，但又是我国学校中实实在在存在的问题。由于每个学生的身体条件、心理素质，以及掌握的体育技能等方面存在差异，在体育教学过程中学生掌握技术的能力存在相当大的差距，有的学生很容易就完成了技术动作，有的学生需要很长时间可能掌握的也不好，教师如此一味地按照大纲教学，不考虑不同学生的身体心理变化，势必会使学生之间的差距越来越大，对学生的心理影响也越来越严重。如果此时教师和学生之间仍旧缺乏沟通，将会导致学生自信心受到严重的伤害。同学之间也会出现各种矛盾，最终学生不再喜欢体育课，对体育课程产生排斥心理。建立提高学生体质、增强学生体育学习的能力，以及让学生养成终身体育等目标最终成为泡影。

（三）体育教师与学生地位不平等，难以营造轻松的体育学习环境

良好融洽的师生关系是发挥学生主体意识，激发学生主观能动性，促进学生主动学习的关键因素。目前，我国学校教师和学生之间存在严重的不平等关系。在实际的体育教学过程中，如果学生出现不符合课堂要求的行为时，教师往往选择体罚的形式对待学生。学生无法和教师进行有效的沟通，师生之间的误会得不到及时地解决，学生一直处于弱势地位，身体和心理承受能力一旦被打破，学生的学习态度将会产生根本性的变化。正在处于青春期的学生还可能会出现逆反心理，如故意上课迟到、故意违反课堂纪律等现象。这种心理还会影响学生其他课的学习效果，体育课是调整学生心理的有效手段，不能成为刽子手，如此恶性循环下去，将对学生的全面发展产生不可估量的坏影响。

二、体育教学中学生主体地位意识教学设计

体育教学中，教师的主导性和学生的主体性是辩证统一的，两者是对立统一的，不可缺少任何一部分，亦不可过分追求其中之一，否则都会导致体育教学秩序的混乱。教师的主导性即指导性，是教师利用自己已有知识和技能在教学过程中指导学生的学习，从而实现教学目标。学生主体性是指学生在体育教师的指导下发挥自我主观能动性，向着教学目标积极学习。教师的主导性是为了学生更好地发挥主动性，学生的主

动性也促使着教师主导性的发挥。学生的主动性不强，客观地反映了教师的主导性存在问题，没有充分地调动学生的主观意识。学生积极主动学习反馈了体育教师主导性作用的良好发挥。教师的主导性越强促使着学生主体意识的增强，也说明了教师对学生的了解和学生对课程的兴趣。因此，体育教学过程中，教师主导性和学生主体性是相辅相成的、相互促进的关系，是不可分离的，是同一事物的2个方面。科学合理符合客观现实的教学设计也显得更加重要，以下提供的体育教学设计将有助于体育教师学生主体地位意识的建立。

（一）关注学生自身发展，确定以学生为本的教学理念

新时期体育课程改革目标改变了以往过于重视体育知识传授的问题，增加了强调学生主动性的学习态度，使学生在掌握基本技术知识的基础上，培养学生的体育学习兴趣，全面发展学生的个性，在体育学习过程中形成正确的价值观和世界观。体育教师在教学过程中一定要改变以往的教学理念，平等教师与学生的地位，不再以教师为中心，同时改变教学内容与组织形式，使内容多样化，组织形式开放化，从而最大限度地激发学生体育学习的兴趣。改变以教材为中心为以学生为中心，尊重和承认学生间的个体差异，区别对待，因材施教，从而使学生体会到体育学习的成就感和幸福感，在体育课程学习上树立自信心。与此同时也要注意学生社会适应能力的培养，促进学生良好行为习惯的养成，体育课程的学习，不仅有助于提高学生的身体素质，更能在培养学生良好意志力、社会适应、优秀品格方面表现出强大的作用；关注学生自身发展，以学生为本的教学理念可以保证学生主动积极地参与体育活动，促进学生的全面发展。

（二）建立师生和谐的体育教学环境和良好的教学气氛

愉快、轻松、平等的教学环境可以有效促使学生体育学习的效果，教学在体育教学过程中应该积极主动地去营造和谐、活泼、轻松、民主的教学气氛，从而提高学生学习的主动性和积极性，让学生在愉快活泼的环境中参与体育活动，让学生更深入地体会参与体育的娱乐性、重要性，更好地让学生建立对体育的兴趣，发展主动探索体育的求知欲，以及在实际生活中运用体育和创新性地发展体育技术技能的能力。师生间的良好沟通和交往是建造良好教学环境的基础，新时期教学改革要求教师转变角色，改变以教师为中心为以学生为主体，教师为主导的观念，树立教学为学生服务的理念，做一个促使积极参与体育课程学习，大胆创新的引导者，在学生、教师之间建立平等的关系，从而高效地实现体育教学目标，实现学生个性的全面发展。

（三）科学建立全面合理的体育课程评价体系

所谓体育教学评价就是根据体育教学大纲、学科目标、运用课程评价方法和手段

对体育教学活动和效果进行整体价值判断的过程,同时根据结果反馈对体育教学各个部分进行及时的修正,从而总结和获取成功的教学经验,更好地促进体育教学实施。体育课程评价体系包括体育课程内容和环境的评价、体育课程组织形式评价、教师和学生的学习评价等内容。教学评价的意义在于通过对教师教学能力、态度和效果以及学生学习能力、态度和效果的评价,让师生及时地发现教学和学习过程中存在的不足,并能够及时地纠正,从而高效地完成教学目标。

体育课程教学评价方法手段以及内容要尽量做到全面科学,体育课程评价要做到从终结性评价向过程性评价转变;在评价主体上面,将忽视学生评价向教师、学生等多方面共同参与评价转变;评价方法上将传统单一评价向多样化评价方向发展,真正发挥体育课程教学评价的诊断、反馈、定向、证明和教学等功能,促进学生主体性地位的发挥,让学生积极主动参与到体育课程学习当中,真正实现学生在体育课程教学中主体地位的目标。

(四)注重学生体育课程学习的情感体验

学生体育课程学习过程中,学生体育学习的情感体验和自身机体能力的变化有着非常密切的联系,两者是相辅相成,缺一不可的统一整体。学生良好的情感体验来自机体实际的体育活动参与,生动、活泼的体育课程学习的内容和形式能够充分调动学生积极主动参与,激发学生体育学习的兴趣。学生良好的身体体验能够带来精神情感上的满足,机体活动越激烈,情感体验越明显,学生自身体育运动激发情感方面的体验,增加学生对体育知识技术的探索欲望,为学生养成终身体育,未来良好运动习惯上打好基础。教师的情感直接影响着学生的情感体验,教学不仅要做到体育课程内容形式的多种多样,还应与学生进行积极的情感交流,时刻注意学生的情感变化,及时化解不好的情绪,使教师和学生的情感在体育课程学习过程中产生强大的凝聚力,以求高效、高质量地完成体育教学目标。

新课改中一直在强调学生主体地位,其实学生主体地位的前提是在教师的主导作用下,两者关系达到平衡才能发挥教与学 2 方面的积极性,获得极佳的教学效果。体育课程教学中学生主体地位的核心是培养学生学会体育锻炼,提高运动能力,增强体质。教师学生主体意识应做到,在体育教学过程中要考察学生的认知现状、身心特征、教学环境,从而科学合理地安排教学内容,组织教学形式,为学生创建一个积极主动、轻松活泼的体育学习氛围,发挥学生主观能动性,以及探索精神,促使学生主体地位得到全面发展。另外,教师可以适当地让学生自主选择教师、自主选择项目内容以及自主选择学习时间、地点,只有在体育学习中为学生提供更多的选择,才能充分调动学生的主体意识,才能激发学生的创造性,同时学生的个性也得到了全面的发展。学生主体地位必须要在教师正确的指导下才能很好地建立，学生主体地位不是说说就能得到实现，是需要政府、社会、学校、教师等因素共同的努力下才能得到实现。为了培养更多的体育人才，为了中国未来的体育事业，教师应摒弃旧思想接受新思想，认真贯彻课程改革目标，真正做到"以学生为中心"，为国家培养更多身心健康的、心理成熟的、技术全面的、社会适应能力强的全面发展的体育人才。

第三节 体育教学设计的改革与发展

一、青少年体育运动技能教学情境设计

体育教学的发展一直以来都不重视对运动技能的学习，全民体育也只是在于增强人的体质而发展提倡的，一说到运动技能，大家都会说那是专业运动员的事，但事实上运动技能的学习对每个人都很重要。随着全民体育的发展，学校体育、青少年体质健康问题，引起社会的广泛关注。2015年，国家体育总局发布的《中国青少年体育发展报告》中关于青少年体质数据的统计首次把青少年体质问题推向高潮。2016年是十三五规划开局之年，本年度《中国青少年体育发展报告》以青少年体育规划与布局为主题，围绕已经颁布或即将颁布的青少年体育政策法规和发展规划，个人全面发展和终身体育发展的要求。因此，在体育教学中应加强对运动技能的学习，只有科学的掌握运动的技能才能从根本上提高学生的身体素质，不仅如此，运动技能的学习还可以提高学生对运动的兴趣爱好，激发学生对运动的热情。

（一）对青少年体育运动技能学习的认识

随着我国经济文化不断发展，人类的生活方式发生了重大变化，人们对自身的追求逐渐转向自身的健康，对健康有了更高的要求，同时对青少年的健康要求也越来越高，发挥家庭、学校、社区三位一体的联动机制，能够丰富家庭社区的体育文化，能够构成社区和学校体育资源共享。因此，若想使青少年达到体育锻炼的目的，必须培养青少年终身体育的意识。伴随着各个相关政策的提出，全国各大院校在体育教学方面的改革成果也相继而出，主要针对现行的体育教学模式存在的教学弊端大，不能真正地把终身体育意识灌输给每个学生。

针对开放式运动技能研究的新进展，运动技能的教学分为开放式和闭锁式，开放式运动技能灵活性强，主体与情境的交互作用占主导位置；闭锁式运动技能则是由预先的技术动作，灵活性差，教学方式单一，相对来说开放式教学更有难度，并且更科

学合理。开放式运动技能研究意义重大，在学校体育方面，关系到学生运动兴趣和运动技能提高的教学目标。

运动技能教学情境设计的必要性。通过实践证明，生动有趣的教学情境可以有效地激发学生的学习兴趣，促进师生互动，从而激发学生主动、积极的学习态度，让学生更好地掌握学习技能。那么，在短网运动技能教学过程中，如何设计出符合学生身心发展的情境，成为当前从事体育教师及教育工作者的一大难题。因此，本研究通过对体育这一运动项目特点的把握，根据开放式运动技能原理，合理有效的创设出适宜的运动技能教学情境，旨在为广大体育教师指导短网教学提供方向，并为体育在我国的发展和普及提供实践经验和理论基础。

（二）影响青少年体育运动技能学习各阶段的因素

第一，运动技能学习前期。运动技能教学的思维认知和内隐性知识的转化对于学生来说难度较大，尤其是内隐性知识转化为外显性知识，这是需要一个教学手段的强化过程。通过创设教学环境，使其知识学习外显特征的显现出来，囊括了学生对整体教学情境的认知以及基本技术的内化。因此，在这个阶段的主要学习影响因素包括：教师的动作示范能力、将本体感知内隐性知识化为外化的教学内容组织能力、语言表达能力、学生对知识的理解、加工记忆的认知策略、技术动作模仿水平以及相关类似运动经验导致的学习迁移。

第二，运动技能学习中期，技能学习中的联结得到进一步的强化，从学习过程讲，主体学习出于本体决策和本体应答行为学习阶段，需要进行瞬时合理的技术选择，以及做出合理的动作技术。其中本体决策知识教学仍然属于将内隐性知识外化的过程，需要学生掌握不同情境下的教学内容和战术知识。而本体应答行为学习内容是结合情境下的基本技术学习。因此，在这个阶段的主要影响因素有：基本技术的熟练程度、结合情境下的不同战术要求的决策教学内容安排以及学生身体运动能力。

第三，运动技能学习后期，学习过程主要是对本体感知、环境外显特征、本体决策和本体应答行为学习效果的综合体现。这个阶段的主要影响因素是学生的技术熟练程度、战术掌握水平、身体素质、视觉和听觉的感知能力。

（三）青少年体育运动技能教学情境设计的路径

通过简化体育运动项目规则，以体育游戏和比赛为中心，培养学生在各种体育运动比赛中分析问题和解决问题的能力。领会教学法经多年的探实践和不断的改进，目前已日趋完善。现根据体育领会教学法的教学模式结合开放式运动技能学习原理，将体育运动技能情境化教学设计流程分成六大部分：项目导入——比赛导入——战术意识的培养——预判能力的培养——运动技能执行——动作表现。

1. 体育项目导入

体育教学中运动项目的导入既是开始，也是关键。一个运动项目导入的方式方法不同，将会直接影响到学生学习的效果和教学质量。因而，在这一初始环节，教师要首先把握教学环境空间和单位时间，空间上表现在学生学习的环境，对体育的认识程度，对该运动的兴趣性，以及年龄、性别、身体素质等主观因素。时间上表现在教学中如何安排进行对该项目的初步认识，如何使其获取直接感知经验，且在相同的空间范围内实现各个方面因素的协调。例如：通过短网运动技能教学情境的导入，将项目的特点各概念也穿插在其中，让体育运动的情境和问题能够直观的加以呈现，创造宽松有趣的学习环境，并引导学生积极、主动的思考自己与情境之间的关系，让学生来预判自己在可能的比赛状态中的角色，并主动的探索与分析自己可能遇到的问题，为下一环节作准备。

2. 体育运动比赛导入

在比赛讲述中也应该反复强化该项目的基本技术要领，导入比赛应该坚持循序渐进的原则，通过详细讲解和解答学生的疑问，能够让学生在获取亲身运动体验的同时进一步巩固该项目的基本技巧和要求，同时结合比赛的规则适当加强学生战术意识的培养，提高学生的灵敏素质，遵循比赛规则，有条不紊的巩固运动技能的学习。在这一环节，体育教师为了有效地激发学生的学习兴趣，让学生尽可能积极主动的参与到教学活动中来，可以采用主动设疑或者是设问式集体互动以及合作探讨的方式来进行，为下一环节做好准备。

3. 战术意识的培养

依据开放式运动技能学习过程原理，学生的体育战术意识得培养应贯穿整个教学的始终，只有这样才能激发学生学习的斗志和情绪，使学生能够在体验体育运动的同时获取比赛的归属感和认同感。设置教学情境在体育运动技能教学中，战术意识培养作为教学实践应用的第三环节。在这一环节，任课教师可以在体育游戏或者是体育比赛进行了一小段时间之后稍加强调，通过学生感官意识主动寻求战术战略以争取赛场主动，如有疑问，可以展开小组讨论和交流，通过发表各自的意见来一起思考和解决各种疑问，从而在帮助学生了解和体会基本的体育战术的同时，实现对学生体育战术意识的引入和塑造。

4. 预判能力的培养

体育运动中青少年学生的预判能力是争取赛场主动的关键环节，也是学生灵敏素质的一种表现。通过学生对体育运动基本战术的基本认识和体验之后，体育教师就可以组织学生进入预判能力的培养环节。在预判能力培养环节的导入也是基于前面几个环节，在此基础上实现体育游戏与体育比赛共融互通，即为以游戏丰盈比赛，以比赛促进锻炼，以实战感染情绪，以情感认知获取预判意识，以预判能力应对复杂的赛场环境。那么，在这一环节针对两方面关键问题：一方面"做之前的判断"，在瞬息多变的体育运动比赛或游戏中，学生要能够筛选各种复杂信息，通过运动经验的丰富和习惯于赛场环境气氛，形成直接的感官意识和行为习惯，对赛场信息进行有效合理的预判，使学生短网运动的更为协调持久；二是"判断之后的行动"，要选择如何才能够实现最佳效果的动作技能，也就是需要决定如何来做的行为过程。

5. 体育运动技能的执行

运动技能执行这一环节考察学生的赛场执行应对能力，也是预判能力的继续。行为执行力是在原有感知经验的基础上，配合战术意识行使体育运动技能技巧，也是配合体育运动比赛中的战略战术实现的目标前提。例如：学生运动技能行为执行不当，战术配合就失去了原有的效果，之后再通过反复练习总结经验，再联系再总结，在游戏中纠正，在比赛中锻炼。以此学生的运动技能执行能力逐渐趋于成熟，为下一环节的导入奠定基础。通过在运动技能执行阶段来掌握动作技巧，是提高学习效果的重要途径。

6. 体育运动动作的表现

动作表现是教学情境引入的最后环节，通过动作表现能够反应学生运动技能的学习程度，这也是在完成运动技能执行阶段之后设置这一环节的原因。学生就应借助反复的练习和比赛来实现所学习的体育动作技能和战术观念的实践运用，并以此来提升自己在体育运动中的良好表现。体育教师在动作表现阶段主要扮演的是纠正者或反馈者的角色，在整个教学环节过程中教师应始终引导学生正确的运动技巧、方式、方法，通过语言和肢体感官信号刺激，使学生能够快速领悟运动中的奥妙之处，进一步加深学生对短网运动项目的认知和情感，这将会直接反馈到学生自身的动作表现中。

二、体育教学改革的媒体设计

视听教学媒体是科技产物，运用教学媒体能够改进教学效果，已经成为教师必备的教学技术，虽然影响教学效果的因素很多，而运用视听教学媒体是提升教学效果的因素之一。基于此，对体育教学改革的媒体设计进行初步的研究，对于体育教育教学改革具有重要的意义。研究认为，在以目标为导向的体育教学与学习历程中，体育教师的教学行为功能一般包括，组织有效的学习环境；编排合理、渐进发展的学习内容。新世纪的体育教师，必须具备视听媒体的运用与制作能力，以期适应体育教育教学的创新发展。

视听教学媒体是科技产物，运用教学媒体能够改进教学效果，已经成为教师必备的教学技术，虽然影响教学效果的因素很多，而运用视听教学媒体是提升教学效果的因素之一。基于此，对体育教学改革的媒体设计进行初步的研究，对于体育教育教学改革具有重要的意义。

（一）体育教学媒体系统化设计

在以目标为导向的体育教学与学习历程中，体育教师的教学行为功能包含：组织有效的学习环境，编排合理、渐进发展的学习内容，适时适地为学习者提供动作技能的反馈信息。笔者尝试以体育教学媒体作为体育教学的系统化设计，其项目诠释及图表流程分述如下。

（1）分析条件。

首先要分析任教学校的环境条件，场地、设备、器材、经费、师资、校风、社区背景等，也要理解学生本身的条件，兴趣、能力、性别、年级、文化背景。

（2）制订学习目标。

在理解学生的需求之后，就要设定学生的学习目标，如果没有目标的教学活动则是盲目的，所以应该制订符合学生需求、不违背教育目标和国家政策，同时也应该让学生能够达到的教学目标。而体育教学是一连串复杂的交互作用，所以教学目标的拟订，应以单元教学的概念基础，做出整体的教学规划。

（3）选择或制作教学媒体。

针对一节课或单元教学的内容，搜集相关的媒体，设计新的媒体或翻制已有的媒体，当然也要注意版权的问题，必要时要征求原作者或出版者的同意。

（4）媒体规划。

媒体选定或制作完成之后，如何去利用媒体，媒体的使用需要多久的时间，教室场所的准备和必要的设备或仪器的操作以及课堂上的讨论和分组活动、学习团体等必须预先做出计划安排。

（5）运用媒体。

视听媒体运用到教学活动上，固然有其功能、意义及时代特征，也有其限制，所以视听媒体，不能是教学的全部，而媒体应该是从属教学、增强教学效果的地位，因此教师不能失去自己应有的角色和职责，应该结合媒体的使用，加以解说、运用、引导、提示等，以便取得积极的教学效果。

（6）学生的反应。

学生期待学习什么以及如何表现出较为具体的目标，能够立即给予教学反馈，以达到教学互动的作用。

（7）评测。

评测教学的有效性是非常必要的，必须对整个教学过程及进度做一个评量，以合理评估教学效果。

（8）分享。

各级图书馆或视听教育馆、资料中心、文化中心等文化教育机构，有时会印制一些政府出版品及印有该馆或该中心所储备的视听媒体目录，当然也包括体育教学媒体目录，这些资料有的必须亲自索取，有的可以通信索要。有些图书公司，为了宣传，也会印制样品或目录，可以联系取得，以资教学使用。

（9）运用社会资源。

上述文化教育机构，大多设有视听中心或视听室，可以申请使用。一般情况下，这些媒体大多不能外借，只能现场观看，也可以自行拷贝，不过这可能涉及版权及图书馆的管理问题，不容易实施，博物馆、文化教育中心等文化教育机构，有时也会举办一些和教学有关的展览或表演活动。

（二）体育教学改革的媒体设计原则

1. 建立关系，创造机会

网络社群对于运动员来说可建立关系，累积人脉资源。当个人名气上升的同时，更要谨言慎行，爱惜自己的羽毛，尤其在今日媒体发达的世界中，匿名攻击或公开漫骂指责事件时有所闻，如果一不小心，也可能成为八卦新闻的主角或无辜受害者，因此在建立关系的同时也要建立过滤机制。

2. 与支持你的人进行互动，不再有距离感

对于支持你的人来说，你是一个在体育场上的巨星，可能平常不会有任何的交流机会。现在你可以与他们在网络社群中互动，这对他们来说，这是一件很酷的事。这些充分表现出你的亲和性与诚恳态度，因此对自己的言行举止要负起责任，以便提升你个人的良好形象。

3. 增加知名度

当支持你的人达到一定的数量，就可以充分表现出你的知名度。同时赞助商也可以看出你的潜在的商机。不过，在成名的同时也要随时保持谦虚的态度，用一种可持续经营的态度来经营个人的职业生涯发展。

4. 社群成瘾

长期使用网络社群会造成社群成瘾，对运动员来说并不是件好事。因为你还有你应该需要努力的战场，规划时间管理能有效减少成瘾的发生。一定要注意培养自身在

课堂上的专注力,以免成为网络成瘾症的低头族。

5.不当发言

不恰当地发布动态,容易造成无法挽回的后果。谨慎地检查你的每一个想要发布的动态信息。一个无心的信息,可能会影响运动员的个人形象,甚至导致参赛资格的丧失。

视听教学媒体是科技产物,运用教学媒体能够改进教学效果,已经成为教师必备的教学技能,虽然影响教学效果的因素很多,而运用视听教学媒体是提升教学效果的因素之一。运用教学媒体的关键,在于教师是否认真负责,尤其在体育教学方面,许多技能都是很精细、复杂的,有些是抽象的,因而提出体育视听媒体教育具有重要意义。以前视听教育的观念,教学教具是一种辅助教学的工具,这种辅助工具含义是消极的、保守的,仅是辅助教学,范围过于狭窄。随着教育工程学的兴起,将教育的领域提升到一个新的境界,它是以心理学及教育学为基础,广泛地运用科学的方法、技术及产品,进而研究解决教育问题。媒体教育理论认为,任何形式的资料、资源和设备,应用在教学上都可以称为教学媒体。因此,新世纪的体育教师,必须具备视听媒体的运用与制作能力,以期适应体育教育教学的创新发展。

三、休闲教育理论视角下的高校体育教学设计

体育教学设计是为体育教学活动制定蓝图的过程,它规定了教学的方向和大致进程,是师生教学活动的依据。教育部2015年底发布的数据显示,中小学生身体素质在多年下降之后向好,而大学生身体素质下降的现象却并没有得到改善。我国高校面临着大学生竞技水平的提升与身体素质的下降形成的巨大反差。高校体育教学在"普遍有闲的社会"背景下该何去何从呢?随着全民健身上升为国家战略,我国高校体育迎来了最好的发展时代,教育和体育正向"同谱一首曲、同唱一台戏"转变,"体教结合"正朝"体教融合"迈进,提升运动能力、增强学生体质、培养完善人格成为高校体育三位一体的目标。当前,我国所进行着的这场伟大的、深刻的、史无前例的社会转型和教育改革呼唤人性美的回归,关注人文精神的培养,注重人格的完善与发展,让高校体育教学真正"为终身体育而教,为自身全面发展而学"。

(一)休闲教育在体育教学中的语义呈现

"休闲"源于希腊语"dhole",英文为"leisure",意为休闲和教育,在娱乐中伴随文化水平的提高。曼蒂和L.奥德姆(JeanMundy&LindaOdum,1979)对休闲教育的论述被认为是当前对休闲教育最完整的认识。他认为休闲教育是一场使人能够通过休闲

来改善自己生活质量的全面运动；一种使人能够在休闲中提高自己生活质量的方法；一种贯穿于从幼儿园以前到退休以后的终生教育；一种通过扩大人们的选择范围，使他们获得令人满意的、高质量的休闲体验的活动；一场需要多种管理机制和服务体系共同发挥作用承担责任的运动。它体现在人类生活的方方面面，对休闲教育的研究通常与其他学科相联系。心理学层面上美国心理学家奇克森特米哈伊认为，休闲教育是一种不需要外在标准界定的具体活动，是有益于人健康发展的内心体验，它重视人的自由、满足、愉悦、幸福等内心的感觉而不是外在的活动形式；哲学层面上我国学者马惠娣认为，休闲教育是人的一种生命状态，是一个'成为人'的过程，是人完成个人与社会发展任务的主要存在空间"，它不单是关注寻找快乐，更重视休闲与人的本质之间的联系，即寻找生命的意义。社会学层面上美国休闲学者奇克与伯奇认为，休闲教育是人与人之间关系的发展和增进的社会空间。它强调人与人之间的联系并同时发展人的个性的生活方式和生活态度。

随着人们对休闲与教育、体育之间关系的深入研究，对知识、教育、课程本质和功能认识的发展，体育课程正从经验型、科学型向文化型或生活型转变。在休闲推动教育改革的同时，我国学校体育教育面临着休闲时代到来的巨大挑战。鉴于休闲时代体育功能的嬗变，一些时尚、轻松且具有休闲价值的体育项目进入高校体育课程成为教学内容的"新宠儿"，我国学者普遍认为，休闲体育教育将取代知识身体教育，休闲教育思想以重视人的自我表现，关注人"成为人"的过程，引导追求真善美的生活逐渐融入高校体育，成为推动21世纪学校体育改革和发展的重要内驱力。

休闲教育不是把休闲内容当作事例在课堂上讲解；不是以娱乐或娱乐职业的价值为核心；不是向所有人鼓吹同一种休闲生活方式；也不是一门或一系列课程。著名的休闲教育家布赖特比尔认为，休闲教育是一个缓慢的、循序渐进的过程，需要传授一定的技巧并要练习这些技巧。休闲教育很难以独立课程的形式存在于学校的体育课程中，但是并不影响休闲教育渗透在体育课程教学中，使体育教育过程更具休闲色彩。把休闲引入体育教学中，并非否认体育教学目标的重要作用，而是把休闲作为体育教学模式设计的一种新的思路，体现出休闲的理论参照价值。休闲教育与体育教育融合的主要做法是：①休闲理念在体育教学中的渗透；②在体育教学中插入休闲活动；③把休闲活动当作一种体育教育资源；④教师适时对学生的休闲活动做出积极评价；⑤通过体育平台帮助学生了解获得各种休闲活动的知识、技能的途径。鉴于高校体育教学内容发展演进过程中所表现出的时代性特征，结合当前高校体育增进青少年健康的历史使命和如何实现"休闲"和休闲生活方式养成中所面临的困境，本研究将以休闲教育的视角对体育教学设计系统进行探讨，希望能够得到新的启示。

（二）休闲教育与大学生体育教育结合的依据

1. 休闲教育与大学生体育教育结合的理论依据

2007年4月国务院颁布的《关于全面启动全国亿万学生阳光体育运动的通知》指出：要"精心策划，认真研究制定方案，吸引广大青少年学生走向操场、走进大自然、走到阳光下，积极参加体育锻炼"。2007年5月《中共中央国务院关于加强青少年体育增强青少年体质的意见》指出，要认真落实健康第一的指导思想，把增强学生体质作为学校教育的基本目标之一。要"根据学生的年龄、性别和体质状况，积极探索适应青少年特点的体育教学与活动形式"。这两个文件再一次阐明了学校体育要坚持"健康第一"的重要思想。不同的是，"阳光体育运动"代表了今后增强青少年体质的一种具体的组织形式，中央7号文件则提出了要探索科学、合理的体育教学与活动形式。2016年5月6日国务院办公厅印发的《关于强化学校体育促进学生身心健康全面发展的意见》（国办发〔2016〕27号），指出：学校体育要遵循教育和体育规律，以兴趣为引导，注重因材施教和快乐参与，定期开展阳光体育系列活动和"走下网络、走出宿舍、走向操场"主题群众性课外体育锻炼，为学生养成终身体育锻炼习惯奠定基础。从2007年的中央7号文件到2016年的27号文件，9年来中央和国家对学校体育和学生体质状况可谓高度关注。这些文件的出台，为高校体育教育指明了方向：今后的高校体育教材内容建设应当是在保持共性特征的同时发展个性；在保留传统项目的同时发展不乏时代气息的现代休闲项目；在发展体能、技术的同时发展个性和健全人格；在发展学生体质的同时渗透休闲教育；用休闲教育功能破解高校体育教育中出现的发展性问题有着独特的社会价值。

2. 休闲教育与大学生体育教育结合的现实依据

高校体育课程改革，遵循时代发展要求，在《全国普通高等学校体育课程教学指导纲要》(2002)的指导下，课程目标、结构、内容、教学方法、资源开发等方面发生了巨大的变化。特别是灵活的选课方式及时尚运动项目的引入等措施为高校的体育课堂增添了许多活力，得到了广大师生的认可。但这种人性化的教学模式面对十二年应试教育后的大学生如何养成参与体育休闲的习惯，大学生闲暇时间的增加与体质健康休闲能力低下之间的矛盾如何得到解决，大学生体质健康下滑趋势如何得到有效控制等学生体质健康状况与社会需求逐渐脱节的现实出现了一些新的矛盾和问题。在体育教育改革实施素质教育、复归教育本性的推动下，休闲课程作为教育课程或体育课程逐渐走入高校，实现休闲教育和体育教育的再次融合，推动了休闲体育教育的诞生。休闲教育理论为大学生体育教育提供了一个崭新的切入点，通过这个切入点可以反观当前大学生体育教育存在的不足，并寻找探索解决这些不足的新路径，如关于高校体育教育目标体系如何体现休闲体育教育时代性，如何进行"休闲运动项目"的教材化改造，并使之与竞技运动项目、民族传统体育项目相得益彰等问题。这些问题的解决，最根本的将依赖于教学目标、教学内容、教学模式等的革新设计。

（三）休闲教育视角下的体育教学设计

1. 休闲教育视角下高校体育教学指导思想的设计

遵循《纲要》要求，以休闲教育为核心，确保高校体育教学指导思想多元化的常态实施。体育教学指导思想是指在体育教学的实践活动中，直接或间接形成的对学校体育教学的认识或观点，并对教学活动起方向指导作用。我国学校体育百年来的发展史，其实就是体育课程目标的多元化带来的教学指导思想多元化的演化史。即从"军国民体育思想"到"快乐体育思想"的演化，从"教化自然身体"到"知识身体教育"的推进。对我国经历的"体质教育"、"三基教育"、"全面教育"、"竞技体育"、"快乐体育"、"终身体育"等多种教育思想，不同学者见仁见智，对其众说纷纭。多种教学指导思想的存在和实施会活跃体育教学，促进体育教学模式的多样化发展，有利于对体育学科特质的认识和对体育育功能的开发。

高校体育工作者逐渐认识到休闲时代体育功能的嬗变，在"健康第一"思想的指导下，针对我国大学生闲暇时间的增加与科学健康休闲能力低下之间的矛盾，根据《全国普通高等学校体育课程教学指导纲要》提出高校体育课程的5方面基本目标，尊重兴趣、健康、适应、体质、素质等众多体育教学思想，把休闲教育、生命教育、生存训练融入体育教学，确立了参与休闲运动、养成休闲习惯、掌握休闲技能、注重体验过程和增进健康素养等新的高校体育教学目标取向。高校体育教学目标向多元化、多层次、多方位方向发展，使得体育的休闲化、娱乐化趋势日益明显，组织化程度日益加强。休闲教育视角下高校体育教学将以休闲教育为核心，以尊重学生的生命、人格、个性、差异和自由为原则，通过休闲价值观的阐释和现代休闲方式的规范，达到培养学生休闲兴趣、健全学生体质以及提升学生终身健身意识、习惯、能力的目的。

2. 休闲视角下高校体育教学模式的设计

积极探索，促进休闲与体育交融、兴趣和健康提升的体育教学模式不断创新。体育模式的创新是体育教学永葆生机活力的重要保证。当前我国高校体育教学模式百花齐放，有代表性的有："三自主"、"三互动"、"三自治"、"三开放"模式，选项课＋教学俱乐部＋选修课体育教学模式等。各模式采取的组织形式也不尽相同，主要有：分层次教学、快乐体育教学、情景教学、体育俱乐部教学、课内外一体化教学等，使得我国高校的体育教学处于多种教学模式和多种组织形式并存的局面。不同的教学目标产生不同的教学模式，某一模式是为某一目标服务的。评价某一模式的优劣，以最后是否达到教学目标为依据。所以，休闲教育视角下高校体育教学模式必须根据教学目标取向的多元化而建立，必须在发扬传统教学模式优点的基础上，通过教学内容创新和重视学生学习过程体验，有效推进传统教学模式和组织形式的不断创新。主要体现在两个方面：

形式上，不断改进教学方法和组织模式，尽可能多地应用现代教育技术，"突破"熟悉、初步掌握、泛化、熟练掌握"四阶段"，讲解示范、练习、纠错、再练习"四过程"传统的体育教学过程，实施不以通过比赛追求成绩，不以崇拜力量为目的，突出教学过程的休闲性和学生的乐趣体验；内容上，根据新兴时尚运动休闲项目的受欢迎程度，实施以休闲教育为重点的内容"重构"来满足大学生的不同休闲需求，实现娱乐性、健身性、开放性与文化性的整体融合。从发展趋势来看，俱乐部型体育教学模式将成为今后我国高校体育教学的主要模式。各高校可以借鉴发达国家的经验，积极实施以休闲为中心的俱乐部制休闲运动教学模式，主要做法是：根据高校人才培养目标，结合大学生对休闲体育的需求，培养和建立终身休闲体育意识，掌握1～2项长期从事锻炼身体的技能和方法，充分发挥个人的体育才能、兴趣与爱好，为终身健康奠定基础。

3. 休闲教育视角下高校体育教学过程的设计

在体育教学中插入休闲活动，突出教学过程的乐趣体验，重视以休闲教育为核心的养成教育。我国高校体育教学面对多种教学模式，其组织形式和教学方法存在的问题主要表现在：一是缺乏针对性，众多体育教学思想一齐涌入高校体育课堂，教学主题分散、任务繁重，体育教师面对一节节具体的体育课时，感到的是一种茫然无助；二是缺少内涵，体育教师的休闲技能的参差不齐，为了完成教学任务，拼凑花样繁多、内涵欠缺；三是形式简单，因担心教学事故，过分强调学生主体地位，突出新颖自由，普遍存在淡化运动技术，内容与手段过于简化，学生课堂练习的密度与强度很难达到所需水平；四是形式匮乏，以教师为中心、技能教学为主依然很重，学习氛围过于严肃，教学效果不理想。

毛振明在《体育教学论》中指出：体育教学的过程是体验运动乐趣的过程，这种乐趣是体育运动生命力的体现，也是体育教学的学习目标和内容。学者刘海春认为，教会学生如何掌握运动技术技能固然重要，但经过应试教育的大学生学习生活幸福与否，决定因素是他自己的休闲价值观，它支配着大学生对休闲生活方式的选择，决定着大学生业余活动的内容、频率与持续的时间。所以休闲教育视角下高校体育教学过程应是：在中小学体育教学的基础上，用合理的组织形式和科学的教学方法，向大学生提供规范化的休闲方式，帮助大学生养成健康的休闲习惯，使其成为"社会人"。教学过程既不以通过比赛追求成绩，也不以崇拜力量为目的，在接受"团队精神"、"遵守游戏规则"和"公平竞赛"等人生教育的同时，教师的主导作用逐渐淡化，学生的主体地位不断增强，传统的"讲解-示范-练习-纠错-再练习"的教学范式逐渐被"分组练习与比赛"等具有自主学习特征的教学组织形式和"目标引导"等具有合作学习特征的教学方法取而代之，师生交流与"双边互动"成为体育教学的新时尚，体育教育诸多环节进步明显。

4.休闲教育视角下高校体育教学内容的设计

革新优良传统项目、延续校本和特色项目、吸纳新兴时尚项目，挖掘各项目的休闲功能，提升体育教育的文化品位。高校体育教学内容要为教育目标服务，如果体育教学通过丰富多彩的内容和诸如游戏、课堂竞赛、素质拓展等教学手段，让学生在体育教学中享受身体活动乐趣，就将有助于学生整体素质的提高。相关的研究表明，我国高校体育教学内容存在诸多问题：一是与中、小学教学内容交叉重复、形式雷同；二是校本课程开发力度不够，照抄照搬，缺乏特色；三是休闲体育项目为迎合学生，盲目求新、求异；四是受场地设施条件和教师休闲技能的制约，新兴时尚项目难以开展，已开展的效果不佳。休闲教育视角下高校体育教学内容的设计，要围绕"健身"和"休闲"两大教育目标，必须以是否适应终身锻炼要求，是否与社会接轨，是否与未来职业相适应为原则，以培养现代休闲体育生活方式为重点的内容"重构"。主要表现在：

一是对本校优良传统项目进行革新，譬如"三大球"等传统内容"改装"成三人制篮球、五人制足球、趣味排球等；二要延续校本和特色项目，譬如羽毛球、乒乓球由于运动量适中，方式优雅、灵巧，受到学生们钟爱应大力推崇，舞龙舞狮、腰鼓、轮滑、龙舟、武术等具有地区特色的项目应发扬光大；三是吸纳新兴时尚项目，一些时尚、新颖、刺激的休闲项目如街舞、定向越野、野外生存、台球、桥牌、攀岩、保龄球、极限运动、轮滑等，要有选择的走进体育课堂并逐渐固化为教学内容，以最大限度满足学生多元化的体育需求。挖掘运动项目的休闲功能和休闲运动项目的引入没有也不可能动摇竞技运动项目在教材体系中的主体地位，"竞技运动的休闲化"和"休闲运动技术的规范化"将二者紧密联结，建立以人为本，淡化竞技，注重健身，添加时尚、增强意识，发展个性，养成锻炼习惯为中心的新的课程体系，将进一步提升体育教育的文化品位和精神内涵。

5.休闲教育视角下高校体育教学评价的设计

适时对体育教学中师生的休闲活动做出积极评价，建立一个评价主体多元化、评价内容多层次化、评价方法多元化的激励机制和评价体系。体育教学评价是按照体育教学性质和教学目标，采用各种评价手段对教学各环节进行分析、判断及提供决策的过程。它既是检查教学效果的手段，也是一种激励措施。调查显示我国高校体育教学评价手段主要表现为：根据《国家体育锻炼标准》、《体质测试标准》对学生的学习结果给出一定成绩；根据课时工作量、学生评价、学校教学督导随机听课抽查等对教师的教学效果进行指标量化。这样的评价结果手段单一很难激起师生的教学热情，也很难对高校体育教学进行科学的评价。因此，探索为学校、教师、学生服务的新途径，调动其积极性和创造性，健全高校体育教学评价制度势在必行。

休闲教育视角下高校体育教学评价的设计，是按照体育教学目标多元化、多维度的要求，根据教学模式的不同、教学过程中教与学的规律和政策，建立起相互激励的多维度评价体系。首先，对于学生学习的评价，要按照《纲要》的要求明确学生的学习是学习过程和效果的评价，除了考核身体素质、运动技能方面的指标外，还要根据学生的课堂表现、健康知识、课外锻炼、个体差异，学习态度、锻炼能力、意志品质等方面进行过程性评价。利用相对性评价与绝对性评价结合对有个体差异学生给予定性评价；根据学生的体育基础，学习进步程度，进行一定的分层评价，在统一的标准要求下，可以定性地给出不同层次学生的相应成绩。其次，对于教师教学的评价，要结合学生评教、督导评价、领导评价、同行评价等多方考核，制定出一套较客观、公正，具有说服力的量化评价办法。在教师的业务考核、职务评聘和评优、评先进中，应以教学为重要依据，以体育素养、教学能力、科研能力、教学效果和敬业精神等为考核指标。各高校应从理论知识水平、教学内容与方法、教学态度、课外体育教学参与程度、继续教育情况、学生反馈等方面建立起一个评价主体多元化、评价内容多层次化、评价方法多元化的激励机制和评价体系。

高校体育是实施素质教育和培养全面发展的人才的重要途径。休闲教育视角下高校体育教学改革的推进是一个系统工程，必须由学校、教师和学生通力合作才能完成。体育教学的主体、客体和教学内容、教学方法、教学模式等构成了一个有机的整体，在教育运行过程中，各个要素既要发挥各自的作用，体现各自的功能，又要协调配合，通过各环节的超循环运转，按照《纲要》的要求，遵循教育和体育的发展规律，在课程目标、课程结构、教学内容方法、课程建设与资源开发和课程评价等方面，尽可能地实现终身教育、素质教育、人本教育、生活教育等多种教育诉求。

第四章 体育教学模式

第一节 体育教学模式的基本理论

在信息化技术不断更新发展的趋势下,网络信息化教学模式对我国教育领域产生了直接影响,各大高校在逐渐改革传统教学模式,以便能进一步适应教学环境的实时变化。近些年,高校体育教学模式也发生了一定改变,但是在传统教学观念的影响下,高校体育教学依旧有待进一步创新改革,这样才能够更好地满足现代化教学的需要。所以,创新体育教学模式,全面提高体育教学水平与质量已经成为必然趋势。据此,本节主要对高校体育教学模式的创新发展进行深入探究,以期为体育教学改革提供参考。

一、高校体育教学模式的误区

(一)认知阶段误区

国外先进的体育教学模式极具吸引力和新颖性,以及可操作性。我国高校在引入时,并未深入探究其中相关理念,只是为了引进而引进,单纯模仿他们的体育教学模式,却忽略了对相关理念的引入。而不具备灵魂的躯壳,根本无法长久生存,缺乏先进理念的体育教学模式也很难长时间处于正常的运行状态。

(二)选择阶段误区

1. 规律误区

体育教学模式的合理选择,需要严格遵守相关教学规律。首先,高校在设计体育教学模式的时候,应明确要求该模式既与普通学科的认识规律相同,又符合体育学科自身的独特规律,即技能形成规律、运动负荷规律等。其次,高校在选择体育教学模式时,还应注重与本校学生的特色、认知规律等相符,应适应于本校学生的发展。

2. 构成误区

任何教学模式都包含四大部分，即教育理论、教学过程、教学方法、教学条件。高校科学、合理地选择体育教学模式时，需要对各组成部分进行综合考虑，不同的模式都有其相对应的理论、过程、体系及条件，彼此之间不能混淆。

3. 要素误区

高校在选择体育教学模式时，应明确其与其他教学要素间的密切联系，即计划、目标、内容、结构、方法、教师、学生、评价等。只有与其他教学要素及相关标准要求相符，才能顺利将教学模式引入教学过程，从而产生更好的实用价值。

（三）实施阶段误区

1. 操作误区

在体育教学模式的实施过程中，应切忌一味求全，如果全面涉及教师、学生、设施设备等各个环节，将会无法明确主题，难以发现关键问题。所以，高校应先在小区域内验证，然后再构建可行、有效的相关机制，并根据实际情况进一步优化，最后大范围推广与实施。

2. 管理误区

体育教学模式的顺利实施，还需要政府、教育部门、学校等部门相互协作、共同管理，不论是哪一方或哪一环节出现失误，都会对体育教学模式的实施效果造成直接影响，甚至还会被迫停止，导致整个计划都无法实现。

3. 评价误区

高校在试行新型体育教学模式一段时间之后，应注意对其具体落实情况进行全面评价，即领导、教师、学生、家长等全方位的评价，一旦出现问题，及时采取有效措施加以解决。同时，高校还要积极关注教学过程与教学效果的评价，最大限度地防止各种衍生问题的出现，从而为教学模式的顺利实施提供保障。

二、高校体育教学模式现状分析

（一）指导思想

教学指导思想是教学模式的核心，传统的高校体育教学指导思想以技能教育与素质教育为主，但是近年来，许多高校都根据自身情况转变了教育理念，将培养终身体育作为体育教学的指导思想。当然，仍有少数体育教师在教学指导思想上认识不足，没有与时俱进，这就需要高校进一步强化教师对教学指导思想的深层学习，以提高其对教学的综合认识。

（二）教学大纲

教学大纲直接影响着高校体育教育事业的有序发展，其对于扩大体育教学空间形成了一定的促进作用，并在明确体育教学模式的总趋势和总方向方面发挥着重要的指导作用。现阶段，大多数高校对体育教学时间的安排都比较合理。许多高校在与国家相关规定相符的基础上，结合本校学生的特色、地域差异等，对体育教学进行科学合理的规划与安排。

（三）教学条件

教学条件实际上就是教学环境、场地设施、教学器材等，是教学进一步实施的必要条件，也是体育教学顺利开展的重要基础。其一，目前，高校体育教学场地设施的配置并不完善，尤其是造价较高的场地设施，还有少数学校未实现现代化体育场所的构建，这就直接导致了学生难以实时接触新项目。所以，我国大部分高校的场地设施还有待健全，现代化与综合型体育场地也急需完善。在目前的体育教学中，学生可利用操场进行跑步、跳远等常规项目的训练，但是部分专业项目的场地却比较匮乏，这根本不能满足学生的多元化运动需求，进而大大制约了教师与学生进行体育运动的主动性与积极性。其二，高校体育教学器材不健全。当前，只有少数器材能够满足体育教学需求，品种比较单一，无法满足大部分教师与学生的多样性需要。另外，部分学校更换体育用具也不够及时，如网球、羽毛球等因使用频率高，损坏速度较快，如不及时更新，会严重影响教学效果。

（四）师资结构

对于高校体育教学而言，体育教师是最关键的人力资源，也是体育工作的组织者与指导者。目前，高校体育教师的年龄结构相对合理，但是在学历上，以本科学历教师居多，相较于其他学科而言，体育教师的学历相对偏低。因此，高校需进一步深化对教师的继续教育和培训，或积极引进更多高学历、高能力、高水平的教师，以提高教师队伍的综合实力。

（五）教学内容

当前，高校体育教学主要是锻炼学生的体育运动技能并发展其体能，而对提高学生心理素质、强化学生安全意识、提高学生社交能力等综合素质方面的训练不多，在教学内容上也大大忽略了对学生学习兴趣与健身需求的重视，根本体现不出体育教学的现代性。高校几乎很少开设健美操、瑜伽等大学生感兴趣的时尚体育运动项目，主要是因为高校的硬件设施不完善，不具备开设课程的条件。

（六）教学方法

高校的体育教学形式大都是依据学生兴趣设计的，其中多数院校以年级划分，进行分班教学，有的项目按照性别进行划分。在教学方式方法上，还有一些体育教师依旧利用讲解与示范的方式，没有重视学生的感受，为学生提供的自行练习时间过少，教学过程单一、呆板，无法充分调动起学生的积极性与主动性。再加上教师缺乏对新型教学方式的有效引进，对体育教学方式的创新不够，从而使得其教学效率与质量难以提高。

三、高校体育教学模式创新发展的策略

（一）更新指导思想

高校体育教学指导思想是体育教学模式的核心，所以，必须先树立科学有效的、先进的教学指导思想。体育教师也应做到与时俱进，不断引进新知识、新技术，拓展学生的知识面，增加学生学习体育的兴趣。另外，在体育教学中，高校还应基于全面发展的角度，积极引入现代化教育思想，争取为社会培养出更多高素质、高能力的优秀人才。

（二）丰富课程设置

现阶段，高校体育课程的设置比较单一，要适当增添一些学生有兴趣的项目，如拓展训练、瑜伽、健美操、野外生存等，以此调动学生的学习积极性与主动性，有效缓解教师的压力。同时，高校应在条件允许的基础上，根据自身实际情况，增加一些与大学生身心特性相符的体育课程，以提升学生的综合素质。

（三）师资队伍建设

对于高校教育事业而言，教师占据着主导地位，是提高教学水平与效率的关键所在。高校体育教师的综合素养与教学质量、学生健康发展之间息息相关。所以，高校应高度重视提高体育教师的综合能力，为教师提供多元的培训平台，全面培养更多高素质、高能力的体育教师人才，从而实现高校体育师资队伍的优化建设。

（四）突出本校特色

各大高校应就本校实际情况、学生特点及所在区域的特色，创建与学校、区域特色相符的体育教学模式，将自身特色凸显出来。同时，还应努力把校内与校外的体育活动、课内与课外的体育活动全面结合，构成校内、校外、课内、课外的全程一体化教学模式，为实现体育教学目标提供有力支持。

四、现阶段高校体育教学模式的构建

（一）原则

1. 创新课程内容

高校应遵循精细化、实用化等原则，适当增添实践性与应用性课程，促使学生的实践能力得到全面提升。传统教学中的理论与实践能力的培养只是体现在课堂教学上，是在学生学习基础课程理论之后，才进行后续的技能教学。而全程一体化教学模式，是将技能教学始终贯穿于整个教学过程，让学生在每个阶段都能进行体育学习，这样一来，不仅会使学生的综合技能培养得以深化，还能实现学生综合素质的提升。

2. 优化教学内容

高校应注重提炼学科课程与技能培养的相关内容，进一步优化课程内容的讲授顺序，使得课程内容彼此之间实现相互联系与对照，从而促使学生将教师所传授的体育知识与技能内化吸收。

3. 实现全程一体化教学

高校要为学生创建教学技能训练场所，保证技能培养的连续性，在校内和校外、课内和课外之间实现全程一体化教学，最大限度地提高教师与学生的综合技能。

（二）构建

全程一体化教学模式并非是传统的阶段性技能教学，而是系统的、立体的技能培养过程，其主要把技能培养始终贯穿于学生的整个大学时期，也就是基于课堂教学，将技能训练贯穿于各学期的体育课程中。在不同学期的体育教学中，侧重安排相应的运动技能训练项目，并与第二课堂实现有机结合，形成课内外、校内外、教学训练与竞赛强化训练相结合的一体化教学模式，多层次、综合培养教师与学生的体育素养与能力，推动学生及时内化知识并深化技能。

综上所述，基于新形势，高校体育教学模式实现了历史性转变，开拓了体育教师实现专业化、综合化发展的新时期。高校应对体育教师全身心投入体育课程教学改革的积极性与主动性给予认同与鼓励，当其遇到问题时，学校应及时给教师提供帮助，或出台相关措施加以解决。虽然，近些年的高校体育教学模式发生了一定改变，但在传统教学理念的影响下，体育教学模式依旧有待进一步创新、优化，以便够更好地满足现代化建设的需要。这就要求高校必须深入了解体育教学的本质，明确体育教学的任务，掌握体育教学的规律，确定身体素质与运动技能教学的核心地位，基于新型体育教学模式，带动体育教学创新发展，开创体育教学的新形势、新局面。同时，高校还要深化人才培训培养，构建全程一体化的教学模式，其中，不仅要突出体育专业学生的优势，还要弥补其不足，将技能训练始终贯穿于整个体育课程教学过程，从而促进学生全面、综合发展。

第二节 体育教学中典型的教学模式

一、CBE 理论的高校体育教学模式

为有效改善高校体育教学效果，推进高校体育教学深化改革，提高高校体育教学水平，有必要逐步摒弃传统滞后的体育教学模式，加强 CBE 理论在高校体育教学中的应用，对高校体育教学模式进行创新。基于 CBE 理论，对高校体育教学模式进行创新构建，要引导教师摒弃传统滞后的体育教学观念，将培养大学生的体育运动能力和综合素质作为核心目标，促进大学生积极参与体育课堂教学。

（一）CBE 理论概述

CBE 理论，是指能力本位教育理论。该理论注重培养学生能力，并以此为出发点，确立人才培养模式，并制定具体的教学方案。CBE 理论的核心，在于对学生的职业岗位能力和综合素质进行培养。在教学过程中，学生占据核心地位和主体地位，要明确教学的具体目标，并对能力培养的详细方案进行科学制定，要有效保障教学内容具有较强的实用性。CBE 理论的教育目标在于有效培养学生的职业岗位能力，并基于这一导向，对课程资源进行建设，对主要教学内容和具体教学方法进行合理选择，合理制定教学计划，并对教学进度进行有序安排，对教学评价体系进行优化，有效增强大学生的职业岗位能力和综合素质。

高校体育致力于锻炼大学生的体魄和运动技能，增强大学生的综合素质。要基于 CBE 理论的科学指导，对高校体育教学模式进行科学构建，摒弃传统的体育教学思想观念和教学模式，引导大学生深入理解和全面掌握体育理论知识、体育运动技能和相关锻炼方法，有效增强大学生的身体素质。同时，对体育教学方案和内容进行优化，有效增强大学生的职业岗位能力和综合素质。

（二）CBE 理论在高校体育教学中的实施应用

1. 引导学生熟悉体育学习锻炼环境

在高校体育教学中，对 CBE 理论实施应用，要引导学生熟悉体育学习锻炼环境，

引导学生全面了解高校体育教学的具体内容、各项体育教学资源和体育锻炼设施等。另外，体育教师要引导学生了解高校体育教学的相关制度和具体规章。

2. 明确 CBE 理论在高校体育教学中的实施流程

高校师生要明确 CBE 理论在高校体育教学中的实施流程。在此基础上，体育教师要科学指导学生对体育课程的各阶段学习目标、体育锻炼计划进行合理制定，并督促学生严格遵循学习目标和体育锻炼计划有序开展体育学习和锻炼，确保学生在规定期限内完成体育学习任务。

3. 对学生入学体育水平进行评价

高校体育教师要对学生入学的体育水平进行客观公正的评价，并依据评价结果，引导学生对体育学习锻炼的各项计划进行制定，并将评价结果作为体育成绩，对学生档案进行录入。同时，体育教师要综合考虑高校体育教学的各项状况，增强体育教学计划的可行性。

4. 对学生的体育学习锻炼成绩进行评定

高校体育教师要基于 CBE 理论确立各项体育评价指标和相关要求，并合理确定体育考核时间，对学生演示的体育动作进行观察测定，在此基础上，对学生的体育学习锻炼成绩进行评定，并将成绩录入学生档案。

（三）基于 CBE 理论的高校体育教学模式创新构建策略

1. 对高校体育教学目标进行明确

基于 CBE 理论，对高校体育教学模式进行创新构建，要对高校体育教学目标进行明确。高校体育教学，不仅要注重锻炼学生的各项体育运动技能，还要深入挖掘体育运动项目具备的交际功能，强化体育课堂教学过程中的学生交互，促进高校学生开展体育运动项目竞争和团结协作，有效增强学生的竞争精神和合作精神。例如，部分体育项目具有较强集体性。对于此类体育项目，教师在教学过程中，可设置具有较强互动性和趣味性的体育比赛，组织大学生分成多个小组，开展小组间的对抗比赛，在此过程中，有效增强学生的竞争精神和合作精神，并锻炼学生的体魄和意志体力，在潜移默化中增强学生的人际交往能力，加强体育教学课程对学生职业岗位能力的有效培养。

2. 基于职业能力创设体育教学情境

加强高校体育教学对 CBE 理论的应用，要充分体现"能力本位"，并基于职业能力对体育教学情境进行创设。体育教师要深入考察并明确掌握各项体育运动项目的特点及其蕴含的教育功能，对体育教学情境进行科学创设，实现对大学生岗位职业能力的有效培养。教师要对体育教学情境进行科学创设，凸显集体互动性，实现对大学生体育学习个性化需求的良好满足，并有效促进体育教学集体目标的实现。教师要对体育课堂教学内容进行拓展延伸，将素质拓展的相关项目纳入体育教学课程中，增强大学生的集体意识和职业岗位能力。

3. 培养大学生的个性化能力和综合素质

基于 CBE 理论，对高校体育教学模式进行创新构建，要强化对大学生个性化能力和综合素质的有效培养。教师要引导并鼓励学生对各项体育运动项目进行自学，大幅度提高学生的自学能力，并强化学生对 CBE 理论的深刻认识，在潜移默化中增强学生的自学意识。教师要强化对大学生的科学指导，激发大学生对体育运动项目的学习兴趣和热情，引导学生对感兴趣的体育运动项目进行深入学习和反复锻炼，有效强化学生的个性化体育素质和运动技能。同时，在体育课堂教学过程中，教师要对后进生给予更多关注，并为后进生设置合理的体育教学目标，激发后进生对体育运动项目的学习兴趣和自信心，有效增强大学生的综合素质。另外，教师要兼顾个性化和集体化体育教学，促进大学生加强体育学习过程中的沟通交流。

4. 加强体育职业规则和道德教育

体育运动项目呈现出较强的交际性。多数体育运动项目存在相应的规则，学生在参与体育运动项目的过程中，自觉遵守各项规则，能在潜移默化中增强自身的教养。在 CBE 理论指导下，高校体育教学要加强体育职业规则和道德教育，帮助大学生有效完善其职业能力结构。通常，高校在开展体育教学过程中，所引进的各项体育项目，均具备相应的教学制度和各自的规则。对此，教师要加强体育运动项目相关制度和具体规则对学生的约束性作用，引导学生在参与体育运动项目的过程中开展有序竞争和有效合作，引导大学生树立良好的规则意识，并对大学生的各项体育行为进行安全合理地控制。

综上所述，CBE 理论注重培养学生能力。加强 CBE 理论在高校体育教学中的应用，对于增强学生的职业岗位能力和综合素质具有至关重要的意义。CBE 理论在高校体育教学中的实施应用，要引导学生熟悉体育学习锻炼环境、明确 CBE 理论在高校体育教学中的实施流程、对学生入学体育水平进行评价、对学生的体育学习锻炼成绩进行评定并基于 CBE 理论加强高校体育教学管理。基于 CBE 理论，要通过对高校体育教学目标进行明确、基于职业能力创设体育教学情境、培养大学生的个性化能力和综合素质、加强体育职业规则和道德教育、采用人性化的体育教学方式等策略对高校体育教学模式进行创新构建。

二、"互联网+"时代高校体育教学模式

随着我国互联网的进一步发展,其对于高校体育教学的冲击将会变得越来越显著,传统体育教学方法和模式在未来的教学过程中将难以产生效果,必须要对教学进行必要的改革。作为一名高校体育教师,在当前也应该充分认识到互联网对高校体育教学的诸多冲击,并且能够尽快地转变教学理念,将自身放在跟学生等同的位置上,并积极学习各类新型教学方法,灵活利用互联网的优势来提高体育教学的最终效果。这样,高校体育教学就能够在网络背景下实现更好的发展,发挥体育教学的真正价值。

(一)何为"互联网+"新型教学模式

互联网以其高效便捷、实时沟通、信息共享而优势凸显。如何充分利用"互联网+",改变传统的备课、课堂教学、教育资源的差异给学生带来的不公平,受条件限制,无法挖掘学生的潜质,发散思维,自主能动性学习差等都可以在这一互联网教育模式下改变,以共享信息为平台,互相交流学习,实时答疑,以大数据为背景,了解当代学生的学习情况,动态调整教学模式,提高教学质量,实现教学相长和资源共享。

那么什么是"互联网+"的新型教学模式?

"互联网+"新型教学模式是指教师以"健康第一"为指导,以新课标、新理念为准则,以学生为主体,事先在互联网上公布各个学期体育项目相关的教学内容和任务,提供各个专项的相关信息和视频,鼓励学生在课外进行主动使用互联网,对所选专项有一个基本常识和基本技能的感官认识,从而能正确选课,再通过课堂内的教学传授、自主学练、交流探究、总结提高等教学措施来完成教学任务的一种教学体系。既能避免学生选课时瞎选乱选的盲目行为,又能为学生主动熟悉各项体育项目提供足够的时间和空间。其结构形式为:网上公布教学计划和教学内容及相关视频——了解项目特性和运动原理——激发兴趣——选课学习——交流探讨——探究创新——总结评价——强化提高。

(二)互联网信息技术对高校体育教学的积极意义

1. 促进了高校体育教学内容的扩充

传统体育课堂教学,往往是以教师为中心,让学生反复练习教师所示范的技术动作,属于被动学习,缺乏趣味,学生学习效率低下。因此,为了提高体育教学效率,就要丰富体育教学的内容,提升其趣味性和多样性。在高校体育教学内容活动的设计中,通过引入信息技术与体育专业知识相结合,不仅能发挥互联网信息技术的优势,还会丰富体育教学的内容,从而吸引学生的注意力,激发学生自主学习的动力,培养

学生良好的锻炼习惯和锻炼意识。

2. 可以在一定程度上弥补高校体育教学的不足

传统的体育教学，由于受场地、器材等因素的困扰，很难做到因材施教，而网络信息技术的迅速发展和广泛应用把人类带进了一个全新高速发展的信息时代。随着网络信息技术不断地被应用到教学的各个领域之中，学生获取知识的途径呈几何倍数增长，高校体育教学也不仅仅局限于课堂教学，在教师的指导下，学生可以通过信息网络学习到各种各样的体育技能和知识。

（三）"互联网+"高校体育教学的改革途径

1. 转变教师教学理念

在传统教学模式中，教师跟学生之间的地位处于不平等的状态，教师通常都站在主体地位上，学生只能被动地接受教学内容。在这种教学环境中，教师具有较强的权威性，并且跟学生之间的交流沟通非常有限，最终的教学效果也不会很高。而在互联网不断发展的背景下，学生的思想受到互联网的影响变得更加开放，并且开始抵触传统教学中的师生关系。这个时候，高校体育教学就应该在这方面做出改革，转变教师的教学理念，优化教学过程中的师生关系。

在这之中，教师应该认清互联网时代的转变，并积极接受互联网思想的熏陶，在教学过程中跟学生建立平等的交流关系。体育教学的内容相对于高等数学、专业课等学科来说本身就相对轻松，因此教师在教学过程中更应该弱化自己的主导形象，而应该尽可能的引导学生共同完成教学过程。这样以后，教师就能够实现跟学生的平等交流与沟通，不会受到太多的抵触。

2. 使用新型教学方法

在高校体育的传统教学中，教师一般采用的方法都是"示范—模仿法"，并且还会在一些体育运动开始之前给学生进行必要的讲解。这种方法虽然在短期内比较有效，并且能够让学生快速掌握各类体育运动的技巧，但是很难对学生进行强化训练，难以保证教学的质量与品质，最终使得学生的体育训练效果参差不齐。特别是在网络背景下，很多信息化技术都已经拓展到了教育行业中，因此高校体育教育也应该灵活使用各类新型教学方法。

本节认为翻转课堂和多媒体教学通常在体育理论教学和课堂教学中具有较好的效果，但对于单个体育运动项目的技能熟练度提升方面的效果非常有限。在这种背景下，可以在高校体育教学中推行慕课教学法。即将部分体育教学内容放置在互联网平台中，让学生能够随时随地通过智能手机、平板电脑等终端来查阅到各类教学内容，提高了体育教学的灵活性。不仅如此，慕课平台中还可以放置一些视频、图片、分解教程等资源，可以让学生清晰直观地看到各个体育运行项目的技巧，并且还能够随意回放各个动作，增强了教学效果。但慕课平台在高校体育中推行也是一件长期工作，需要高校投入一定的资源来着手完善。高校可以考虑逐步建设所有学科的慕课平台，充分利用这种新型的教学方法，将互联网跟教育教学真正融为一体。

3. 优化校园体育文化

在高校体育的传统教学中，很难形成特色鲜明的校园体育文化，最多体现在一些校内标语和标识上。这也使得学生接受体育教学过程中很难受到校园文化的影响，使得体育教学的效果一直都不理想。在互联网快速发展以后，高校大学生能够通过互联网来接触到更多的文化内容，使得高校内部文化组成变得非常复杂，无法对大学生群体产生正向的影响。

想要保证高校体育教学在网络背景下的教学效果，就应该改善高校校园文化，真正建立富有体育精神的新时代校园文化。这也需要高校管理者能够明确体育精神对于大学生身心成长的重要性，做好社会主义核心价值观相关宣传的同时，也能够跟体育院系共同开展一些校内体育活动，比如新生篮球赛等。通过这些活动在校内营造一种体育文化氛围，解决高校体育教学受到互联网多元文化冲击的问题。

4. "室内""室外"相结合，增加多媒体教学在体育教学中的应用

现代的体育教学，不应局限于体育场地（馆）当中，而是应该以教室、体育场地（馆）相结合，为多媒体教学提供更多的授课时间。例如教师在教授体育技术动作和战术的时候，需要给学生演示和讲解，在传统教学中，老师的示范会比较麻烦和抽象，学生理解上也会产生障碍，所以可以通过教室中的多媒体设备，通过多媒体技术来辅助体育教学，让学生通过观看技术和战术的视频图画教学或者体育比赛视频来进行学习，这样的教学更容易提升学生的注意力，且更简单易懂，让学生加深对体育运动的认识的同时，提高体育技术的掌握能力。

5. 创新体育教学内容，深化课程改革

在信息化的教学活动中，有很多的教学资源和教学方式，但是在教学活动中要选择适合本堂课的教学资源，不能一味地追求教学内容的丰富性和多样性，而忽略学生对内容的接受程度。所以，在选取教学内容时，要对其进行取舍，选取更适合学生理解和接受的，能使学生明确教学目标，且能对学生达到教学效果的教学内容。

三、MOOC 时代高校体育教学模式

随着社会的高速发展，社会对体育人才的需求更多，如何实现高素质体育人才的培养是目前各大高校的主要教学研究工作之一。人才的培养应该适应时代的发展需求

和社会的前进步调,在现今信息海量化的时代,高校的教学模式也应该出现新的改变,使教学模式和具体的教学手段更加适应社会的需求。针对网络课程的高速发展趋势,高校在开展体育教育的时候可以运用网络课程的优势,强化学生对体育知识的学习和掌握程度。

(一)MOOC的科学内涵及发展趋势

1. 内涵

MOOC是指规模较大的呈现开放性质的网络课程,是一种可以自主学习的网络平台,涵盖海量的学习信息。MOOC有着三个主要的方面的课程特征,在很大的程度上帮助浏览者进行高效的学习。第一是指课程特征。浏览者可以在平台上进行自由化的资源获取和观看,这样的课堂模式不需要浏览者根据教材开展具体的学习活动,同时,这些资源的获取是免费的,浏览者不需要为此支付任何金额。第二是对浏览或是学习的人员没有数量的限制。相对传统的课堂教学模式讲,这样的模式更加方便学习者的学习,不再受教室的环境和大小限制,无论多少人员都可以同时进行网络课程的学习和使用,这样就大大方便了人员的浏览和学习,实现多人同时学习的需求。第三是具有开放的授权特征,浏览者不再局限于浏览网站的限制,通过网络课程的开放授权,学习者可以通过不同的网页平台进行网络课程的浏览和学习。这样的模式方便了浏览者的信息查找,使学习者可以进行更好的网络平台的学习,提升自身的学习成果。

2. 发展趋势

目前,MOOC是国外各大高校比较受欢迎的一种教学模式,通过众多的教学信息的提供,学生的学习效果实现明显的增长。据相关资料显示,国外很多高校为了提升教学的整体效果,加大对教育资金的投入,制作众多的具有较高科学性和学科性的开放课程,深受学生们的喜爱。国外高校提倡终身学习的理念,认为知识的吸取是一项长时间的工作,没有具体的时间限制,知识作为一种重要的精神养料,人们应该重视知识的传播和学习,提升教学资源的开放性建设。

(二)开展MOOC体育课程的优势

1. 提升学生在体育课堂中的注意力

我国传统的体育教学是以封闭式的教学模式为主要手段,传统高校体育课程的课时一般为90分钟,学生在进行体育知识的学习中会出现注意力不集中的现象。现有的MOOC将整体的体育课程时间控制在10—15分钟之间,这样长度的课堂学习可以让学生以最好的注意力进行体育知识的学习和掌握。虽然体育课堂的时间较短,但是MOOC的课堂将重要的体育知识融入视频资源中,可以将重点的体育知识进行更好的、更系统的总结和传播,这样可以提升学生对体育知识的学习效果。

2. 强化学生在体育教育中课堂的主体性

MOOC是一种新型的教学模式和教学手段,创新了原有的高校体育教学课堂形式,在很大的程度上提升了课堂教学的开放性,同时通过这种新颖的教学模式提升学生的课堂注意力,强化学生的学习效果。MOOC的课程时间控制在10—15分钟之间,这样的时间控制可以给学生提供更多的提问和交流时间,学生在体育课程的开展中可以强化自身对体育知识的掌握和理解程度,强化学生的体育课程的主体性。同时,这样短时间的课程控制可以让学生以小组的形式开展知识的讨论,对那些没有完全掌握或是存有疑虑的知识开展小组的讨论,强化学生之间的学习交流效果。

3. 丰富了体育教学的资源

使用网络课程的体育教学,在一定程度上提升了教学资源的丰富率,使学生在接受体育教学的时候可以进行更多视频资源的观看,掌握这些网络视频中的体育知识点。使用网络课程的教学手段可以丰富原有的高校体育教学的模式,改变了原有的课堂教学模式,创新了体育知识的传播途径。可以说,MOOC在很大程度上丰富了高校的体育课程教学资源的总量,提升了学生接受体育知识的主动性,强化了高校的体育教学成果。

(三)我国大学校园开展体育教育网络课程的情况

1. 现状分析

随着近几年我国教学工作的改革和创新,我国已经开始了高等教育资源的平台共享建设,同时重视对一些新的教学理念和教学模式的引进和借鉴工作的开展,我国逐渐转变之前的封闭式的教学模式,努力实现开放式教学工作的开展。根据最新的调查资料显示,我国高校在开展体育教育的工作中缺少足够的重视,国内几家重要的教学网站涉及体育专业的教学视频资源很少,甚至有的较为出名的教育网站上没有开设体育教学的网络课程,不能进行网络在线的学习。由此说明,目前我国高校的体育网络在线课程开设工作没有引起相关部门和院校的重视,未能给学生提供优质的网络在线学习的平台。

2. 具体平台的使用情况

目前,就我国各类高校的教学工作调查情况看,只有不足20所院校加入到MOOC中,这些学校开设的课程主要是以计算机课程、英语课程为主,仅有四川大学和华东师范大学开设了有关体育教学的MOOC课程。这样的数据资料就会给人直观的印象——我国高校的网络在线课程的建设程度很低,有关体育教育的网络课程更是少之又少,整体的体育在线课程的建设需要强有力的支持,MOOC体育课程的建设应该受到各大高校正确认知，各大高校应该积极强化有关体育教育的网络课程的建设力度，提升整体的体育教育的成果。

（四）基于MOOC提升高校的体育课程的建议

1. 提升模式的信息化发展力度

现今是一个信息飞速发展的时代，为了提升学生体育学习的效果，高校应该努力提升MOOC教学模式的信息化建设程度，提升其发展的力度，强化学生课程学习的效果。现阶段正是我国开展高校改革的时期，使用先进的教学技术和教学媒介是目前高校改革的主要手段之一，也是高校改革的一个重要表现形式。当前正在高效发展的MOOC模式正是一种先进的信息化平台为学生实现网络学习的技术支持，通过开发体育的MOOC的课程，可以强化当前的教学改革成果，为体育教学的现代化提供有力的支持。

2. 更新高校师生观念提升MOOC课程的构建水平

体育教学是目前各大高校开展教学工作中的一个重要的组成部分，体育课程的教学力度应该适应目前社会对体育人才的各项要求，应该积极引用先进的教学手段和教学媒介提升教学的成果。目前很多高校的体育教师根据多年的教学经验形成一套独具特色的教学思维和手段，形成一种固定化的教学理念和教学手段，导致很多高校在开展体育教学的过程中，课程的开展形式主要是传统的知识讲授，不能适应目前的教学发展需求。所以，为了实现更好的体育教学工作的开展，强化高校的体育教学现代化，高校的师生必须要更新现有的教学观念，强化网络平台教学在各大高校的应用，推动这种全新的教学理念和手段的发展速度。

3. 借用国外的发展经验提升我国MOOC课程的灵活程度

目前，国外的MOOC课程发展程度较高，同时取得一定的教学成果，在体育教学的工作中有着一定的经验。为了提升我国高校体育教学工作的开展成果，高校应该吸收国外高校在开展网络课程教学工作中的经验以及开展的先进手段，努力提升高校的体育网络课程的建设程度和发展情况。同时，我国高校在开展MOOC课程的时候应该以灵活的态度进行课程的改革，不能全部照搬国外的发展模式和手段，应该根据自身的发展情况以及国内体育课程的开展现状进行灵活性的课程开展。同时在课程开展时，重视学生对体育课程的意见反馈，通过学生的直观感受提升网络课程的建设成果。

MOOC课程是目前具有先进水平的教学手段和媒介之一，高校在开展体育课程的工作中，应该积极引用国外的发展经验和先进的教学手段提升体育教学工作的先进性，同时应该根据高校自身的发展情况和课程的建设水平灵活运用MOOC课程，灵活调整体育课程的安排情况。

四、基于人才培养的高校体育教学模式

高校作为体育人才培养的摇篮，肩负着为社会各阶层培养高素质人才的使命。然而，在当前高校体育教学中，由于体育教学模式滞后，在一定程度上导致体育人才培养成效远不如想象的好。为此，随着素质教育的不断实施与深化，就要求高校应着眼社会需求，并结合自身办学条件，及时革新体育教学模式，培养更多体育优秀人才。鉴于此，本节就结合自身教学经验，谈谈基于人才培养的高校体育教学模式改革，以期为相关教学研究提供可参考价值。

（一）培养高校体育人才的必要性

在当今社会环境下，高校人才培养的主要目标着眼于服务、生产及建设等多个方面，并重视学生能力、知识、素质的全面发展。为此，高校人才培养的教育活动与课程设置都是围绕培养应用人才目标展开。而体育教学作为高校教育教学重要组成部分，对大学生身心健康发展有重要作用，所以体育教学更具有鲜明的实践性及应用性。鉴于此，高校应结合体育教学与社会发展需求，革新高校体育教学模式。即打破传统教学观念，以学生个性需求为出发点，因材施教，充分发掘学生的体育潜能，提升学生社会适应能力及就业竞争力。所以说，在素质教育及新课程背景下，培养高校体育人才势在必行。

（二）基于人才培养的高校体育教学模式方向选择

首先，当前高校体育学生多为"90后"，由于学生个性特征较为显著，对新型教学模式欢迎程度更高，所以基于人才培养的高校体育教学管理部门要充分引进更多新型体育人才，旨在满足学生对教学内容的趣味性、自由性及体育教学内容多元化需求。

其次，高校体育教学与其他学科教学存在的一个最大不同点，即授课过程对设备器材配置要求很高，并不是只要有一块空地就可以了。以拓展训练或定向越野等来说，高校必须配备相对固定的场地及设备，如若缺乏相应场地及设施就无法顺利开展相应教学内容，进而影响学生的训练情况。所以说，优化体育教学设备配置是非常有必要的。

再次，随着高校体育教学模式的多元化，如果没有与之相适应的教学组织形式来支撑，高校体育教学有效性是难以提升的。对此，只有针对不同教学模式，选择合理且适宜的教学组织方式，才能为高校学生更好学习提供一定保障，进而培养出更多体育优秀人才。

从次，在素质教育不断深入的当下，国内诸多高校已经设置了新型体育项目，如瑜伽、围棋及舞狮等，不仅激发了学生学习热情，还为学校体育课程学习带来了更多

趣味性。为此，结合时代发展进一步调整高校体育课程结构至关重要。

最后，在当前高校体育教学中，教师授课内容、教学实践能力、课程创新意识等多方面还没有形成科学的评价标准。虽然高校已制定相应评价制度，如实践技能展示、实践成果展示，但这些评价制度还缺乏一定的可行性（重视锻炼结果，忽视学习过程），不利于学生全方面协调发展，更不利于优秀人才的培养。为此，完善高校教学评价体系非常有必要。

（三）基于人才培养的高校体育教学模式改革建议

1. 强化教学新型人才引进

据了解得知，当前大不多高校由于缺乏一定的高水平体育专业人才，导致基于人才培养的体育教学改革停滞不前，甚至出现了教学效率低下、学生学习兴趣不高等问题。为此，要想实现素质教育下高校体育教学模式改革，加强对人力要素的重视是关键。人力要素对于任何组织的发展进步都是非常重要的，特别是高水平的人力要素对组织发展进步有重要促使作用。为此，基于人才培养的高校体育教学模式改革也不例外，也需要高水平人才的辅助开展教学，以培养更多优秀人才。

基于此，在人才培养视角下，为进一步满足新课改新要求下高校体育教学模式的基本需求，开展体育教学模式改革，强化教学新型人才引进至关重要。特别是一些新型的体育项目，如街舞、射击、棒垒球等，都需要新型优秀体育人才提供教学。尤其是对于那些刚起步的高校来说，强化教学新型人才引进更为紧迫。因此，在素质教育不断深化的当下，为进一步优化高校体育教学质量，培养更多体育人才，高校必须强化高水平体育教学人才的引进，旨在更好地开展体育教学，促使学生积极主动参与进来。与此同时，高校还要对现有的体育教师进行培养，包括教学理念、体育理论科研水平及教学能力等，进而提升高校整体师资水平，完善专业结构。由此可知，在素质教育背景下，基于人才培养的高校体育教学模式改革，迫切要求教师有极强的专业能力，不断更新自身知识系统，为培养更多优秀人才做好准备。

2. 优化体育教学设备配置

实践教学离不开教学设备，教学设备既要实践教学的基础，也是实践教学的保障，更是衡量实践教学及规模的重要指标。然而，经实践得知，在当前大多高校之中，均存在不同层面上的体育教学设备问题，不仅影响着高校体育教学质量（利用率不高、浪费严重），还影响着高校体育教学改革进程推进。鉴于此，基于人才培养的高校体育教学模式改革，优化体育教学设备配置尤为重要。

具体而言，为全面弥补高校体育教学设备配置问题，高校应基于人才培养视角主观性增加和完善新的教学器材及设备配置，为培养更多体育优秀人才奠基。具体而言，对于一些体育实施较为老化的设备及时更新换代，且相应的增添一些新型的体育教学器材，促使师生能够在不同程度上得到体育教学及学习上的满足。基于此，高校体育教学相关管理部门，应合理科学进行资金规划与配置，以期适当增加高校体育教学设备配置资金，进一步扩大新型体育教学设备配置，为实现体育人才培养贡献力量。由此可知，基于人才培养的高校体育教学模式改革，只有在体育教学设备配置上加以重视并全面完善，才能进一步推动体育教学模式改革，培养更多优秀体育人才。

3. 创新高校体育教学组织

随着新课程改革的逐步深入，传统形式下的体育教学组织已不能满足现代化体育教学需求。究其原因，传统形式下的体育教学组织形式单一且枯燥，不仅无法调动学生学习积极性，也无法激发学生运动潜能。为此，基于人才培养的高校体育教学模式要想得到改革，创新体育教学组织是非常重要的。实际上，高校体育教学模式改革就等同于教学组织创新，只有创新才能进一步推动改革发展，培养更多体育优秀人才。

以高校班级授课为例，虽说这是一种基本教学组织形式，但随着高校体育教学发展，这种教学模式也就需要不断改革与完善。如创立新的课程结构模式，在班级授课基础上加强个别化指导，改变和丰富班级授课中学生组织方式等。如分层教学是顺应新课改新要求下诞生的一种新的教学方法，将分层教学应用到高校体育教学之中，可让各层次学生都能找到适合自己的学习内容与方法，从而以饱满的兴致参与其中并体会到成功的喜悦，最终获得更为优质的教学效果，培养更多体育人才。

4. 调整高校体育课程结构

在新课程改革背景下，科学合理且能调动学生学习积极的体育课课程结构，既能优化课堂教学效率，还能提升学生课堂体育技能训练质量。相反，设置不科学、不合理的体育课程结构，既不利于课堂教学效率的提升，跟不利于学校对体育人才的培养。为此，基于人才培养的高校体育教学模式改革，调整高校体育课程结构与以上所述三点同等重要。

具体而言，以学生全面发展为核心，构建专业理论、专业实践及素质教育人才培养体系是高校体育人才培养定位。只有找准体育课程在人才培养中的定位，才能根据学生专业特点，合理设置高校体育课程，为学生个体发展服务。即高校体育教师要跟随时代发展，拓展一些新兴体育项目如瑜伽、交谊舞、围棋、舞狮等，并将这些新兴体育项目引进体育课程建设之中。其次，高校还可以实行选修与必修相结合的形式，强化学生课堂学习自主性的同时丰富学生课程结构合理性。最后，还要将终身体育理念融入体育课堂教学，旨在通过课堂学习养成终身体育锻炼意识，提高学生身体素质。由此可知，调整高校体育课程结构是推动基于人才培养的高校体育教学改革重要途径之一，高校应加大重视程度，不可忽视。

5.完善高校教学评价体系

影响基于人才培养的高校体育教学改革因素，除了以上四点之外，也包括高校体育教学评价体系。为此，要想推动基于人才培养的高校体育教学模式改革，完善高校教学评价体系举足轻重，只有制定切实可行的教学评价制度，才能科学评价学生，促使学生更好学习发展。

例如，高校教师可以记录学生各阶段的专业及实践成绩，如每个学习阶段的量化分值，并对其进行综合分析，旨在研讨与分析的基础上及时调整体育教学计划，促使学生明确自身阶段性任务，并朝着这个方向科学有计划地开展体育训练，以期成为一名优秀的高校体育人才。由此可知，基于人才培养的高校体育教学评价体系，不仅要将过程性与结果性有机结合在一起，还要将理论性与实践性结合在一起，进而有效提升高校体育教学评价体系的科学性及公平性，为培养优秀体育人才奠定坚实基础。

综上所述，基于人才培养的高校体育教学模式改革势在必行，本节主要从强化教学新型人才引进、优化体育教学设备配置、创新高校体育教学组织、调整高校体育课程结构、完善高校教学评价体系这五方面进行的探究与分析，旨在通过多种途径全面推动高校体育教学模式改革，为社会培养更多体育专业人才。因此，我们作为新时代背景下的高校教师，一定要加大此方面重视程度，并做出相应的改变，以期为我国基础学校体育工作有效开展及社会各阶层奠定良好人才基础。

五、生态文明理念下高校体育教学模式

为了更好地构建高效生态体育教学，首要需要弄清楚的则是高校体育在教学模式转变方面所遇到的问题。目前，基于生态文明理念，针对高校体育教学现状的调查研究，发现了诸多阻碍高校体育教学模式转变的问题，具体如下：

（一）生态文明理念下高校体育教学模式的转变问题

1.生态体育认知不足，体育活动组织不力

随着我国对生态文明建设的愈加重视，"五位一体"的生态文明建设已经被写入国家发展战略之中。然而，目前很多高校还并未将体育教学的生态化发展给予一定的重视。由于高校体育的教学模式一直以来延续的都是传统教学理念和教学方式，所以很多高校尚未认识到"生态教育"的根本目的与发展意义，生态体育教学也依旧停留在理论层面。甚至，很多高校出现了敷衍了事的状态，认为活动过后，一切回归平常，这严重阻碍了我国高校体育配套设施的引进，也不利于师生生态意识的提升。

2. 高校地理位置不利，生态体育教学不佳

通过相应的调查发现，目前我国各大高校大多数处于城市繁华地段，虽然所处地理位置十分优越，但是教学环境较差，且存在一定的交通拥挤现状，导致学生的整体体育训练效果不佳。另外，在现实的生态体育教学模式转变下，笔者发现现有的生态体育教学模式并未抓住学生的兴趣点，教学内容、教学模式都并未引起学生的注意，评价方式也并未关注过学生个体之间运动能力的差异化，往往一概而论。加之高校教师自身体育素养与知识水平的限制，无法充分满足生态理念下高校体育教学模式转变的需求。

3. 配套设施严重滞后，生态体育开展不顺

近年来，随着各大高校的扩招，高校的学生呈现爆发式增长的趋势。高校用于体育锻炼的场地本就不够用，加之目前高校将学校的大量用地用于本校的基础建设项目，使得学校的体育健身场所更是骤然减少，活动面积严重不足。其次，因为高校资金投入及思想认知层面的限制，生态体育配套设施建设相对滞后，生态校园环境、体育运动场馆、硬件设施等配备不足，成为影响高校"生态体育"发展的最为关键的要素。根据笔者所见，目前很多省级高校甚至没有自己的游泳馆、乒乓球馆，仅仅有的只有田径跑道和篮球场。这对于高校开展多样化的体育教学时非常不利的。

（二）生态文明理念下高校体育教学模式的转变措施

1. 树立生态体育文明新理念

高校体育引入生态文明理念，目的是为了建设人与人、人与环境、人与社会的和谐发展。首先，要明确教师与学生的理念，使得高校的体育建设与生态理念紧密结合，让传统的体育教学向更健康、更文明的方向发展。其次，要让学生明确生态文明体育的重要性，加强身边环境以及周边设施的重视，提高对自然的热爱程度，实现人与自然的和谐。最后，树立高校体育教学的科学化与系统化，引导学生树立正确的体育锻炼思维，遵循科学的体育运动规律，科学进行体育运动，逐步实现人与社会的和谐发展。

2. 创建生态体育教学新环境

要想创建生态体育教学模式的新环境，首要需要建设的则是高效生态体育发展所需要的自然环境。自然环境就是涵盖高校在里面的所有人类活动已有的物质前提，所以在健全高校体育教学生态化结构的时候还应该构建它应有的自然生态环境。一方面，高校在选址上要远离市中心较繁华路段，以免城市交通的拥挤，噪音的干扰不利于学生正常的体育锻炼。要选取远离城市的周边郊区位置，最好是环境优雅、安静的场所。另一方面，对于体育场地以及配套设施、器材的选择则要注意内外部空间的科学运用。例如：把高校的空地实现合理运用，建立安全生态体育场所，对各项运动设施给予后

期的修护，同时将场馆内的器材定期更新换代，为学生营造更安全的运动环境。

3.创新生态体育教学新模式

生态理念下的体育教学模式转变不仅仅要对体育内容本身进行转变，还需要对体育教学评价进行转变。将传统的只会量化的体育评价逐步纳入心理、情感等因素进行考评，在评价过程中，要重视学生课余的体育锻炼方式、身心发展程度以及价值观念形成。另外，在体育的教学中，要以学生为本，重视学生自身的需求，尊重学生个体内的差异化，善于发现学生体育锻炼的擅长项目，用欣赏的眼光看待每一个学生，引导学生树立正确的生态化体育锻炼意识，提高学生对高校体育运动的重视。

总而言之，生态理念下的高校体育教学模式的转变研究是为了让高校逐步摆脱传统体育课堂对学生的限制，转变师生的意识，提高学生对生态文明的认识程度，从而增强学生对于高校体育的重视度。这对提高学生的身体素质，养成学生体育锻炼习惯具有重要意义。

六、VR虚拟信息技术的高校体育教学模式

当前科学技术的发展日新月异，体育教学引入VR虚拟信息技术对改变当前体育教学具有较强促进作用。进入新世纪，随着信息技术不断完善，信息化在教育教学领域不断得到更好的应用，VR虚拟信息技术在高校体育教学之中运用成为大势所趋。高校体育课程具有较强理论性、特殊教学手段的特点，在VR虚拟信息技术下的"沉浸式"课堂，具有较好的教学效果。笔者在本节中首先概述了VR虚拟信息技术，然后研究了高校体育教学中VR虚拟信息技术的应用情况，最后探讨了VR虚拟信息技术在高校体育教学中的实际应用。

（一）VR虚拟技术概念内涵及其发展

1.VR技术的概念内涵

VR虚拟信息技术又简称为VR技术，所谓的虚拟现实指的是在计算机的帮助下对人类的感知进行模拟，我们又称其为虚拟环境。我们在对这种环境进行创造的时候，相关人员通过听、触、视等多种感觉的作用下对感知进行强化，进而让人们在计算机制造的虚拟世界之中沉浸，具有身临其境的现实感。在创设学习情境之中我们广泛的应用虚拟现实技术，这对学习内容的形象和趣味具有较强的促进作用，实现更好地学习效果。把VR虚拟信息技术引入到高校体育教学之中，不仅可以让危险动作的训练更加安全，还可以把培训成本进一步降低。所以，对体育教学领域来讲，VR虚拟信息技术相对多媒体、计算机技术更具优势。

2. 起源与发展

VR 虚拟信息技术是一种集合多种技术的高科技，综合运用了的技术有模拟技术、仿真技术、计算机技术等，这也是今后研究的重要方向。虽然自 2016 年之后虚拟信息技术才被人们所熟知，但是实际上其发展历程已经走过了六十载。当前，很多高校已经致力于研发和应用 VR 虚拟信息技术，有的高校成立了系统仿真、虚拟现实技术实验室，不断促进 VR 虚拟信息技术向现实应用。如浙江大学、哈工大、北航等学校在虚拟施工、人机交互等方面具有很深的研究。这些高等院校的实验室甚至可以承担较高的项目，实践表明，VR 虚拟信息技术可以让学生在很好的场景下开展学习，让学生的体验更明显，这对学生掌握和巩固知识具有较强的促进作用。

(二)VR 在高校体育教学中的应用情况

1. 国内学校教育中 VR 技术的应用现状

随着计算机技术的不断提升和教学理念的改变，在各个体育领域现代科学技术有很深的应用，特别是在体育教学培训之中的应用更加深入。北京有家科技公司在 VR 领域具有较深的研究，他们在课堂教学之中使用 VR 技术进行有效的整合，研发的"IES"沉浸式课程体系获得很大的成功，并在高校体育教学之中进行有效的应用。2016 年在广东工业大学举行了 VR 虚拟信息技术在教学之中的应用实践研讨，因此在高校体育教学领域 VR 虚拟信息技术有了更广阔的应用。

2.VR 体育教学相比传统体育教学表现出的优势

我们有效的运用 VR 虚拟信息技术，可以确保老师的指导更加的精确，让老师更有效地开展教学。借助 VR 虚拟信息技术老师可以对学生的动作进行有效的捕捉和多次播放，对学生动作的正确性和规范性进行检测，让师资力量压力进一步减轻。在互联网和大数据的作用下，VR 虚拟信息技术可以有效地记录学生体育学习情况，如学生的运动时间、类型、身体情况等，在计算机的帮助下向老师和学生反馈体育教学结果，对老师来讲可以更好地对训练进行有效的调整，对学生来讲，在 VR 虚拟信息技术的作用下，学生学习兴趣得到培养，学习体育知识的热情高涨，可以让学生更好地理解和掌握运动技能。同时在 VR 虚拟信息技术的帮助下，原来安全、场地、设施等体育教学受限因素将不复存在，在 VR 虚拟信息技术的帮助下，我们可以对多种体育项目所需的场地进行模拟，高校可以更好地开展体育教学活动。

(三)VR 虚拟信息技术在体育教学中的应用

1. 虚拟现实沉浸课

3D 仿真模拟是沉浸式学习的起源，在教学课堂上有很好的表现。随着沉浸式虚拟现实技术的不断提升，在视听设备的帮助下，学生可以对学习环境进行科学有效的构建，实现和真实学习同样的感受。把沉浸式虚拟现实技术引入到体育教学领域，一些奇幻的学习体验，如漫步星空可以实现，学习乐趣，如畅游深海也能达到。事实上，和其他国家相比，我国把虚拟现实技术引入到课堂教学中的时间最早。

一些高精技术教学，如航空航天、医学等课堂教学之中具有为完整的沉浸式虚拟现实技术应用体系，和其他学科的教学模式相比，体育领域的竞技活动具有一定的特殊性，在体育教学之中引入沉浸式虚拟现实技术和其他学科存在很大的不同。作为一门综合性学科，运动训练学科涉及管理学、物理学、医学、心理学等众多学科，不管是教学内容还是训练内容的方式方法等都受限于体能、技能等多种因素的影响。把沉浸式虚拟现实技术引入到体育领域，我妈们也应该也核心的影响因素为中心，在平台上集合终端、应用系统等于一体化，构建和真实学习环境一样的学习模式，以便于学生能够全神贯注地投入到学习之中，获得类似一对一教学的效果和感受。

当前 VR 技术虚拟环境并不是简单地构建 3D 仿真，或者对实际场景进行模拟，而是实现 360 度全景式的虚拟实景。体育教学的特殊性决定了其具有特殊的虚拟环境构建，运动项目的不同所需要实现的虚拟场景存在一定的不同。因此这就要求我们必须根据体育运动项目的实际情况对其教学进行虚拟现实沉浸，并在其中很好的融入其他技术，诸如 AR、MR 技术等，以便于保持丰富多彩的课堂形式。

2. 教材体系的应用

对大学体育教学来讲，教材在其中扮演着一个重要的角色，通过教材理论知识的帮助，我们可以更好地了解和读懂动作标准和要求，以便于更好地对各种技术尽快掌握。传统的体育教材，一般使用文字结合图片的形式描述技术动作，但是不管文字如何描述、图片如何的精美都无法把技术动作全方位的展现出，只能退而求其次的使用分解动作进行展现。在 VR 技术的帮助下，我们可以把这种情况很好的改变，也就是说我们可以通过，VR 技术虚拟环境让学生全方位 360 度的观看动作要领。我们把 2D 的图片转变为 3D 的动画，通过这种形式对教学知识点进行对应展现，让原本枯燥、难以理解的理论知识更好的转变，确保技术要点以更加生动和直观的形式不断展现，这对学生学习主动性和激情的激发很有帮助，可以把重难点知识尽快地突破，实现效率和质量并重。体育专项 VR 教材主要有课本、手机终端等组成，承载着和课本相对应的知识点。

在信息技术不断发展的当今时代，课堂形式的变更越来越先进，对现代体育教学而言，传统体育课堂传授知识的执教模式已经不再适应，尤其是引入 VR 技术虚拟环境之后，其具备的超时空性、仿真性等特点，开辟出了全新的执教领域和天地。在虚拟化教学的帮助下，可以在教室内展现出以前必须在操场上开展的体育项目的学习，让死气沉沉的课堂教学变得更加生动有趣。如游泳课程教学之中，我们在对理论知识进行传授的时候，可以更加的清楚。在移动终端的帮助下，可以对教学进行极大地辅助，发挥着独特的作用。同时，VR技术虚拟技术还可以让老师和学生的交互性大大提升，不再受时空的限制。

对体育教学事业来讲，高校体育教学改革是其中的一个重要环节，在互联网+技术浪潮下，VR技术虚拟信息技术得以呈现和不断完善。科学技术获得极大的进步，硬件和软件水平不断提升，价格上也更加有优势，相信在今后高等院校教学的过程中，VR技术虚拟技术的应用会更加的广泛，也会取得更好的效果，对此，作为高等院校体育老师应该有清醒的认识。

七、面向阳光体育的高校体育教学模式

我国社会整体发展速度正在不断加快，在这样的时代背景之下，我国教育事业的整体发展进入到了一个新的阶段。但是对于很多大学生来说，其综合体育素质较差，并没有养成良好的体育锻炼习惯，这也导致其身体素质以及心理素质较差，将来走向社会势必会面临着多方面的考验以及打击，如果学生自身的心理素质较差，很难在社会上立足，同时也不利于学生的健康成长。因此，对于高校而言，展开体育教学是非常重要的，但是传统的高校体育教学模式往往与现阶段的阳光体育教学理念还存在着一定的差距，这势必会影响到高校的综合体育教学质量，同时也不利于学生的综合健康发展。这样的时代以及教育背景之下，高校应该对自身的体育教学体系以及模式进行不断改进，从而促进高校体育教学事业的不断发展。

（一）阳光体育教学理念在高校体育教学落实过程中存在的问题

1. 目标意识不强

从现阶段我国高校体育教学活动展开的实际情况来看，虽然很多学校已经全面落实了阳光体育教学的理念，但是从整体的落实效果来看，往往存在着教学目标意识不强的情况。在新的教育教学形势之下，如果高校体育教学的目标意识较为薄弱，这势必会对高校今后的体育教学事业展开产生较为严重的影响。对于高校方面来说，在展开体育教学的时候，不仅要让学生掌握相关专业知识以及专业技能，同时还应该使学生的身体素质以及心理素质与现阶段我国社会发展的实际情况相契合，这样才能够保证高校学生的综合素质得到有效提升，在正式踏上社会之后，可以更加从容地面对种种来自外界的考验，这也是高校体育教学的重要意义以及职责体现。但是很多高校在

展开体育教学的时候往往会受到传统体育教学理念的影响，这也在很大程度上影响到了高校教育事业的整体发展，很多学生都没有养成良好的运动习惯，因此，如果不受到教师的监督，学生的身体素质就会下降，这不利于学生在现今竞争日益激烈的社会环境中长足发展。

2. 高校体育设施存在落后的情况

从现阶段我国高校体育教学活动展开的实际情况来看，很多学校都存在着体育设施较为落后以及体育设施不健全的情况，这多高校为了可以更好地节育教育教学活动展开的成本，往往对体育教学的重视程度不够，在体育设施采购方面的在资金投入较小，这也使得高校体育教育事业的发展速度较慢。体育设施是体育教学活动展开的基础，对于体育课程来说，应该是一门以实践操作为主的课程，体育设施对于体育教学活动的展开有重要意义。除此之外，阳光体育教学对高校体育教师自身的专业水平也是有很高要求的，但是很多高校的体育教师往往没有达到这样的水准，缺乏教学经验，并且对新的教学理念以及教学器材的接受速度较慢，这也直接导致了体育教学模式的创新速度较慢，很难赶上时代以及教育事业的整体发展脚步，这也是导致阳光体育教学的整体质量难以得到有效提升的关键。

（二）阳光体育的高校体育教学模式创新体系构建策略

1. 转变体育教学观念

想要更好地对阳光体育进行落实，高校方面首先应该注意对传统的体育教学理念进行一定的转变，从而使其与现阶段我国教育事业的整体发展理念以及社会的发展理念更加适合，这样才能够保证学生今后踏向社会之后有较强的心理素质，对自身有更加明确的认知以及定位。面向阳光体育，高校教育部门的相关领导人员应该清晰地认识到体育教学的重要性，对传统的体育教学理念进行转变，坚持以学生为本的教育理念，注重体育教学情感化，这样一来可以使学生在体育教学活动中的重要性得到更好的体现。例如，高校在对学生展开篮球教学的时候，其中有一个非常重要的环节是投篮教学，教师完成基本动作教学之后，可以让学生自行练习，当学生练习一段时间之后，教师要组织学生展开小组投篮竞技游戏，这样一来可以有效提升学生篮球学习的积极性，同时也可以激发学生篮球学习的兴趣。

2. 注重开展课外运动

面对阳光体育，高校应该将体育教学的内容与学生的课外活动进行关联，高校方面可以定期在校内展开体育竞技比赛，例如篮球、足球、羽毛球、排球等等比赛活动。这样一来势必会使得学生的业余生活得到极大的丰富。例如，高校可以定期举行足球比赛，足球是一项全民运动，同时也是一项集体性很强的运动，可以让很多学生都参与到运动项目当中。同时教师还应该注意对相关参赛的学生进行技术指导以及团队协作指导，这样可以使球队的整体凝聚力得到有效提升。同时，在进行足球比赛的时候，学生还应该做好相应的保护措施，避免在运动中出现受伤的情况。

从现阶段我国高校体育教学活动展开的实际情况来看，尚且还存在着诸多问题，学校方面应该积极对自身的教育教学模式进行改进，同时还应该根据学生的实际情况对其展开有针对性的体育教学。面对阳光体育，高校应该注重对体育教学模式进行丰富，告别传统的单一体育教学方式。此外，高校方面还应该进一步提升体育设备的采购以及更新力度，体育设施是保证体育教学整体质量的关键，只有保证体育设施的供应，才能够保证体育课程的实践性得到更好的体现，从而使得高校体育的综合教育效果得到更好的体现，有助于学生身心健康成长。

八、文化传承视野下高校体育教学模式

中国作为四大文明古国之一，拥有五千年的文化历史，我国的文化源远流长，博大精深，一直以来都是人们的精神向导。在我国社会发展进入新时期后，我国在教育中的改革也表明国家对文化传承的高度重视，对文化复兴的强烈期望，在高职院校的教育改革中如何融合中华文化，是改革中重要的环节，对于文化传承起着重要的作用。

（一）文化概念

文化是人们对生活的升华，是人们在满足物质需求后对精神需求的追求，是人们在社会发展中，为后人创造的文明。在精神世界中有所寄托，先辈在精神追求的过程中，创造了文字，发明了笔和纸，通过诗词歌赋让我们有机会了解到他们的精神追求，这就是文化。

（二）体育文化

体育文化与早期人们的生产生活有很大的关联，受到地区和民族文化的影响，是人们对生产劳动的总结和升华，也是在和平时期人们对尚武精神的推崇，逐渐演变成为体育文化。反映了人们对物质生活的满足，追求身体健康的精神。

（三）文化传承创新与高校体育文化

一个国家的综合实力在文化传承上有重要的体现，只有综合实力强的国家，才不会被国外的文化侵蚀，才会将本国的文化进行传承。任何国家和民族的发展都离不开文化的熏陶，而文化也离不开社会和人民，人离开文化的熏陶就会丢失精神的追求，就会变成野蛮人。社会离开文化的熏陶，社会的风气就会变得焦躁，不知道生活的美好，渐渐地变得麻木愚昧。文化、人和社会是相辅相成的关系，只有携手共进才能让人民

进步，社会进步，文化才能得到传承。高职院校是为社会培养人才的基地，因此不能没有文化的熏陶，高职院校教育作为在社会发展中的重要角色，所以在文化传承创新方面有着重要的责任，是向学生传播文化的重要基地。高职院校的教育，如果对学生没有文化传承的教育，就不可能培养出品格高尚的大学生，不能培养出高素质技能型人才，对社会的发展就没有价值。所以在高职院校的教育中文化传承创新是重要的教学目标，高职院校需要在校园内为学生创造良好的文化氛围，在文化传承创新上要成为领头羊，只有这样才能增强我国文化复兴的建设，才能让我国的文化在全球多元化的影响中生生不息。

体育文化作为高职院校校园文化的一部分，主要是利用学生的体育活动，培养学生的体育精神，增强学生文化意识的教育。高职院校拥有良好的体育文化氛围，不仅可以培养学生的体育锻炼意识，还可以培养学生的社会责任意识，可以让学生对于参加社会活动变得更加积极，培养学生在社会工作中的交际能力，所以在新时期对于新的文化需求，高职院校体育文化要积极的创新改革。高职院校体育文化反映这个时代这个国家的特征，在教育中影响着学生的社会价值观，也影响着学生对于体育精神的认知，和体育活动的行为。体育文化从其本质上讲，是体育活动中体现出来的精神价值，这种体育精神影响着学生的精神追求和行为作风，是在人们长期的体育活动中总结的意识形态，是人们超脱于体育活动的内心追求，是体育文化的灵魂。不管是哪种形式的体育运动，都不能没有体育精神，体育行为是人们为了满足对于体育活动需求，进行的活动，体育行为有很多种，比如观赏比赛、购买体育用品的消费、组织体育活动的一些有关体育的一些行为和活动，这就产生了体育行为文化。高职院校体育教学的重要性，是其可以影响学生的体育行为和体育活动习惯，从而对学生的体育精神产生影响。体育精神的培养，可以决定学生的人生价值观，所以高职院校要通过不断地进行文化传承和体育改革才能更好地培养学生的精神追求。

（四）当前体育教学存在矛盾分析

我国对高职院校的体育教学是比较重视的，在中华人民共和国成立的七十年里，根据不同时期的发展需求和历史特点，前后五次对高职院校体育教学的指导纲要等相关文件进行修改，每次修改都为高职院校的体育教学内容进行拓展和补充。新的时期，也要有新的内容，老旧的体育教学指导纲要，在当前实际的体育教学中有很多的问题，现在的学生沉溺于游戏、玩乐，身体素质逐渐下降，还不喜欢参加体育活动，缺乏体育锻炼活动和意识。这种情况的发生与高职院校的体育教学有关，也与社会发展的环境有关，面对新的问题和环境，高职院校要积极寻找解决办法。

1. 课程目标理念与实施载体之间缺失

根据教育部颁布的《全国普通高等学校课程指导纲要》指示，全国高职院校体育教学要以"健康第一，终身体育"为指导思想，"运动参与，运动技能，身体健康，心理健康，社会适应"为教学目标。而在高职院校实际的体育教学中，无法正确地用体育课程对学生进行心理健康辅导，和社会适应活动实践教学目标，在高职院校长期体育教学中，习惯教授体育知识，体育活动技能知识，没有重视在体育教学中进行体育文化的培养，使体育教学缺失了文化的传承。

2. 课程目标理念与组织实施行为之间的缺失

体育课程目标理念的实现需要高校合理安排课程内容，系统建立课程结构，不断完善体育教学方法。当前高职院校的体育课程时间短，课程内容单一枯燥，学生多是学习体育课程的理论知识，教授学生体育技能，开设的课程有乒乓球、排球、羽毛球等课程，并不是所有的学生都对这些课程感兴趣，所以导致学生在体育课程的学习兴趣并不是很高。学生对体育课程的学习也只是为了获得学分，对体育运动的技术技能，只学到很浅的一部分，只要能够达到考核的要求，就不会再练习，也不会对体育文化的深入学习。学生到体育课堂，只是为了签到保证满勤，综合考核成绩提高分数，这样的体育教学模式没有重视对学生进行体育意识和体育习惯的培养。而且高职院校的场地有限，为了全方位的发展会开设其他的课程，建设相关课程的教学场地，使体育教学的场地减少，由于高职院校的资金短缺，在体育器材的购买力度上也会降低，不能满足当前体育教学的对硬件的需求，使体育教学的改革受到很大的阻碍。

3. 课程目标理念与器物配备之间存在缺失

现在很多高职院校的体育场地有限，体育器材也得不到充分的补充，在实际的体育教学中无法实现课程目标理念，很多体育项目在高职院校都没有开设，如网球、标枪、射箭等。有些体育项目开设但是学校没有匹配专业的场地和器材，如乒乓球、排球，使学生对体育课程的兴趣没有较高的热情，所以体育教学的效果并不能让人满意。

（五）高职院校体育教学改革课程建设建议

1. 体育课程目标的确立要具有多维价值性

高职院校体育教学，在文化传承视野下的体育课程目标主要是学生通过体育学习与体育活动完成的。主要是学生当前的能力价值观、健康价值、文化价值和社会价值。能力价值使学生在高职院校体育课程中，对体育知识的掌握和体育锻炼的程度，健康价值观使学生，运用体育知识和锻炼使自身的身体素质得到提高，心理素质也能够健康，文化价值观是学生在体育活动中的体育习，社会价值观是学生在体育课程学习过程中形成的思维和价值。所以高职院校体育课程目标的确立要具有多维价值性。

2. 多元化课程内容设置

课程内容的设置要根据实课程目标而确定，从以往的经验中寻找方案原则，要理论与实践、传统与现代、民族与国际、兴趣与科学、生活与人文相结合。以此为原则，根据实际的教学情况，设计体育课程内容，如体育知识理论、体育项目、竞赛训练，这样丰富了体育课程内容，也使中华文化得以传承。

3. 系统化的课程实施

设计好的体育课程在实践的过程中，要进行系统化的执行，要合理地安排课程设置和课程结构，在实际的体育教学中要找到合适的教学手段，体育教师要因材施教，对不同学生能够有不同的教学方法。高职院校也要加强对体育教师的文化素质培养，在假期体育教师都有时间的阶段进行专业素质的培养，学校对体育教学的硬件设施进行建设，也可对人文景观进行建设，为学生提供良好的文化氛围，在文化传承视野下，体育课程系统化的实施也有着很大的推动作用。

（六）文化传承视野下高校体育教学模式创建研究

1. 高校体育教学改革与校园体育文化相结合

校园文化建设和体育文化建设作为高职院校体育教学改革中的精神动力，需要对其建设进行加强，在高校体育教学的改革中需要结合人文关怀，在改革中要坚持以人文本的理念，对高职院校内体育物质文化建设要不断地完善，同时也要不断完善体育精神文化，学生在文化的熏陶下，会不断地提升自身的身体素质和心理素质，达到身体健康和心理健康的教学目标，这样可以促进校园体育文化的完善。在体育教学中融合中华文化，不仅可以促进学生心理健康，还可以让中华文化得到文化传承。

2. 高校体育教学改革与文化传承相结合

对于中华五千年的文化，需要不断的传承才能了解其中的奥妙，我国文化经过积累沉淀，已经拥有非常雄厚的根基，深入每个人的心里，生根发芽。所以要用深入人心的文化，在高职院校体育教学中进行改革创新，一定会成为体育教学改革的助力，中华文化也会在体育教学中得到传承和发展。

高职院校体育教学改革，主要以"怎样培养人才"和"培养何种人才"为基准，要想得到满意的答案只有通过文化传承创新。文化传承创新和高职院校体育教学改革的融合，不是一蹴而就的事情，需要对其进行探索研究，需要思考制定行之有效的计划。才能让高职院校培养出国家当前需要的人才，在体育教学过程中还可以弘扬中华文化，对学生进行体育精神的培养，首先要培养学生对文化传承意识，其次要培养学生对精神世界的追求。这样才能让学生主动学习增加自身的文化素养，学生才能主动锻炼，增强自身的身体素质，才能让学生在文化传承视野下努力充实自己，为我国高职院校体育教学改革做出贡献。文化传承是高职院校体育教学改革的理论基础，在体育教学改革中提倡的以人文本和各种健康体育教学理念都是送中华文化中提炼出来的，所以高职院校的体育教师，也需要不断地学习扩充自身的理论知识，这样才能为学生提供更好的体育教学，让学生在掌握体育运动知识和技能的同时，也能够做到对中华文化的传承。

3.高校体育教学改革与中华文化精神内涵相结合

在社会的发展中，高职院校体育教学的改革也更进一步，在体育教学改革之后，学生的心理素养和身体素质都得到很大的提升。因此改革后的体育教学也为中华文化的传承和发展提供新的路径，中华文化在高职院校的体育教学中进一步的得到发扬和传承，促进学生对文化的学习和精神的进步。这样的高职院校，可以更好地为我国当前的社会发展培养高品格的人才，可以让文化的传承得到更好延续。在体育教学中发掘中华文化的精神内涵，高职院校在体育教学改革的过程中会成功，也会是失败，失败并不可怕，我们可以对失败总结经验，在下一次的改革实践中，就可以更好的避开失败，离成功更近一步。从中华文化中，可以看到很多改革的失败，也有很多实验的失败，但是先辈们一直在坚持，从不气馁，这对于学生的体育教学有大的意义。现在的大学生是中国发展的基石，是中华文化在传承的中坚力量，体育教学改革是必要的，可以促进学生精神世界的提升，才能让学生感受到中华文化的魅力，才能让中华文化在高职院校的体育教学中得到传承。

高等职业院校在体育教学推动文化传承的实践中，要强化校园内的文化氛围，让学生时刻都在文化的熏陶之中。高职院校在体育教学改革中应大胆创新，将体育教学与文化进行有机的融合，拓展体育文化的精神内涵，让学生在体育课程学习中，使自己的身心素养得到提高的同时，对社会的了解也要更加深刻，在学习的过程中认知自我，最重要的是对文化的传承。

第三节 新型体育教学模式的构建和运用

一、高校体育互动教学模式的构建

"为了每一位大学生的发展"、"以人为本"是新课程发展的核心理念。在高校体育课堂教学中，教师的首要任务是要营造一个接纳的、支持性的、宽容的教学氛围，创设能引导大学生主动参与的教育环境，让他们在平等、尊重、信任、理解和宽容中受到鼓舞和激励，使他们的个性得到解放与张扬，情感得到丰富与发展，思想得以交流与提升。为此，日常工作中，营造出开放互动的高校体育教学氛围，具有非常重要的现实意义。

（一）转变高校体育教学观念

（1）由单纯生物目标向全面发展目标观念转变。人的全面发展是指在身体、智力、品德、审美和技能（特别是运动技能）的形成和发展。在传统观念里，高校体育教学的目标被看作使学生通过身体练习掌握运动技术，提高身体素质，即只是从促进人的机体的各组织系统的发育及机能的增长的单纯生物方面发展，而忽视了其他各方面的发展。因此，在高校体育教学中应充分体现体育教学的教育性，根据教学内容的特点，通过教与学的双边活动，对学生进行激发、诱导和感染，运用现代的教学思想和教学形式、方法，培养学生意志品质、个性等，通过优美的示范及音像教学片的欣赏，使学生对内在的美有深刻的体会，在知、情、意、美、行上全面发展，达到教学目的和目标。

（2）教学形式多样化，由讲授转为引导。学生是学习的主体，能否调动学生学习的积极性是教学成功与失败的关键。因此，在学校体育教学形式上教师应打破过去那种注入式、照本宣科的讲授形式。教学形式要多样化，对学生要善于引导，给他们自己锻炼的机会，通过"导学"、"导练"、"导规"等方法引导学生的体育学习方向，改变教学中"我要学生练"的教师强制和"教师要我练"的学生为客体的被动倾向，形成学生"我要练"的主动体育。

无论是掌握知识还是发展智能，除了需要外因——教师的有效指导外，更要通过内因——学生的积极思维才能实现。教学中教师的引导作用不仅要体现在教学活动中，更应体现在如何调动学生学习的积极性和培养学生思维能力上，要给学生提供更多的时间来思考和练习。传统的教学以课堂为中心，教材、进度、方法同一模式，把教学活动拘泥于狭小的天地里，学用脱节，不利于培养学生的主动性、创造性。因此，要扩大教学领域，积极开展第二课堂建设，使之成为教学内容的一部分，利用第二课堂组织各种形式的锻炼小组，开展各种课外竞赛活动，并逐步走向社会。

（二）和谐的氛围是互动教学的基石

和谐的气氛并不意味着不要上课的严肃性，而是建立在有组织性、纪律性的课堂基础之上的，更好地完成教学任务取决于和谐的氛围。因此，努力创造一个和谐的课堂氛围，使学生更好地感觉每节体育课都很舒服。一个良好的师生关系，建立和谐的前提下，创造一个良好的课堂气氛。教育心理学研究表明："不断发生着微妙的情感交流的教师和学生之间，学生的情绪是伴随着整个教育的各个阶段。"教师在教学过程中的言谈举止将直接影响课堂气氛的和谐程度。哪怕一个新的动作或练习动作失败的学生，老师必须用温柔的眼神，鼓励的言语，鼓励他们，帮助他们，让他们找到自己的优点，帮助他们树立自信心，提高学生的满意度，以提高其教育计划，增强学生学习的信心。

（三）构建民主、平等、和谐的师生关系

在教学中，教师和学生是构成课堂环境的重要因素，是构成课堂活动的主体。教学活动中的人际关系主要有两种：一是师生关系，二是生生关系。教学过程就是一种人际交往活动的互动过程，在师生展开交往的过程中，交往的双方都是具有独立道德的自由主体。学生是主体，是教学活动的参与者，与教师配合进行教学活动的参与者，学生是平等的一方。而教师在教学中不仅是"所有课堂参与者之间以及这些参与者与教学内容之间各种活动的促进者"，他还是教学过程的组织者、引导者、参与者、评价者、服务者。因此，师生双方是在道德平等的基础上合作，共同以主人的身份来完成教学。这样就把大学生群体真正纳入到一种民主、平等、理解、双向的师生关系中。在这种关系中，大学生可以积极地参与教学活动，也在教师的尊重、信任中全面发展自我、获得成就与价值的体验，并感受道德的自主和尊严，感受到心灵成长的愉悦。因此，在教学交往中，体育教师要积极的创设这种民主平等的师生交往和生生交往情境，使大学生更多地体验到平等、自由、民主、尊重、信任、友善、宽容、理解、亲情和友爱，同时受到鼓舞、感动、激励、鞭策，得到指导和建议，从而形成健康、积极、丰富、向上的情感体验、人生态度和价值观。

（四）实现大学生的主体地位

创新能使人快乐，求美能使人愉悦。体育教师要特别重视培养大学生自己科学设计组织练习的能力，在课堂教学中要给打学生一个自由选择的余地，鼓励他们利用已有的体育知识去解决实际的问题，鼓励他们大胆探索，勇于实践。随着打学生知识、技能和身体素质的不断增长，他们独立学习的能力、分析问题、解决问题的能力较之以往有很大的提高。因此，在新课改精神指导下，要实现大学生的主体地位。让大学生参考教材或用教师提供的练习方法进行练习，也可以自己设计练习形式和方法，充分发挥他们的主观能动性，诱导和启发打学生积极参与教学活动，体现以学生为主体，教师为指导的教学思想，这样不仅可以满足大学生渴望自由运动的要求，而且可以充分发挥他们的想象力和创新能力，在这种诱发力的推动下就会形成"情景—教师—学生"多项折射的和谐气氛，使他们，乐学、愿学、会学，达到自我实现的目的。

（五）在分层教学中要开展形式多样的体育教学方法

在制定了不同的体育教学目标和可供选择的体育教学内容以后，必须要采用合理的教学方法才能把教学内容传递给学生。不同的教学方法的选择，主要依据学生个性差异，不同的学生拥有不同的个性，因此也拥有不同的世界观和人生观。所以同一种教学方法并不一定能适用所有学生。在体育教学中应该综合运用多种的教学方法和手段，对有的学生可能动作示范要多一些，而对另一些学生讲解要多些。只有根据不同学生的差异，采取不同的教学方法才能达到事半功倍的效果。这对体育目标的实现，对学生体育知识的提高都是很重要的。而且，只有这样才能让学生不害怕上体育课，才能让学生对体育课产生兴趣。实际上，不同教学方法的选择，也是对学生主体性的肯定，只有尊重学生的差异，正视学生的差异，并且对学生的差异采取行之有效的教学方法才能够使学生的个性得到发展，这同样也是教育公平的要求。对学生形成终身体育观念也是有重要作用的。

（六）在体育课堂教学中教师还应注意以下几方面的问题

（1）确保学生的时间和空间。在教学过程中，我们经常会遇到教师或学生提出的问题，如果为赶时间急着让几个突出生回答，就会剥夺大部分学生思考的时间，使他们参与教学活动的积极性、主动性受挫。在教学中，应给予大部分学生足够的思考、合作时间，重视生生互动，只有保证合作的时间，学生才有机会进行互相切磋、共同提高，学生的主体性才能得到体现，学生才会产生求知欲望，把学习当作乐趣，最终进入学会、会学和乐学的境界。只有保证合作的时间和空间，才能保证合作的质量，真正体现合作学习的作用。

（2）必须重视教师的"导互动教学要求学生摆脱对教师的依赖，独立开展学习活动，自行解决现有发展区的问题。但它不能离开教师的指导，不能一谈互动学习，就忽视教师的指导作用。对学生进行学习目的性的超前教育，学习兴趣、学习目标的超前诱导，学习习惯的超前培养。教师的指导要有针对性必须根据学生学习中提出和存在的问题进行教学。要以学导教，确定导学导练的重点，把学生提出的有价值的，体现教材重点、难点的问题，加以梳理，形成几个重点问题，引导学生在学、思、议的过程中逐一加以解决。教学中，只有充分发挥学生的主体作用，大胆放手让学生自主学习，又重视了教师的导，学生才会爱学、乐学、会学，真正学会学习。

（3）提供自主学习的环境。教师在体育课中要适时地、有计划地安排一定的自主学习的时间，要给学生有选择的权力和尽可能多的选择余地，允许学生自由练习与思考，允许学生标新立异。切忌用集体的目标和方法取代学生个体对目标和方法的选择，应倡导每个学生从自己的实际出发，依据集体的目标来确定其个体目标和选择方法。

如"踏石过河"游戏，教师只需规定条件，三块石头；提出要求：安全快速过河。至于采用何种方法，哪种方式，由学生自己去实践去决定。要允许学生自由选择学习伙伴，学生自己找的伙伴，大家之间志趣相投，关系密切，能互相容忍，可以促进学生自发、自主的学习。

无论何种教学方法都要以提高教学质量，增强学生体质，更好地促进学生的身心健康为主要发展方向。互动教学是一种更注重学生心理环境，更民主，更自由平等的教学方法，它对教师的教育理念、素质、教学水平均提出了更要、更严格的要求，不是一种简单的提问与回答，而是通过多种互动方式从本质上激活学生思路，讲究技术与艺术的一种教学理念。格的重要特征。幽默的教学方式方法能活跃课堂气氛，增加同学们的学习热情，收到更好的教学效果，也能更好地设计和实施互动。

二、合作学习模式在高校体育舞蹈教学中的运用

高校教育越来越注重学生综合素质的发展，提高学生身体素质成为很多高校重点改革的目标。高校体育课程作为提高学生身体素质的重要途径之一，必须引起重视，很多学生对体育教育的现有课程不感兴趣，而体育舞蹈的加入大大激发了学生学习的积极性，传统的教学模式也已经不能适应当前时代的发展，合作学习模式应运而生。

（一）合作学习模式在体育舞蹈教学中的应用

体育舞蹈也称国际标准舞，是一项体育运动，也是一项新型的高校体育教学内容。在体育舞蹈的教学过程中应用合作学习模式具有重要意义。合作学习主要是指通过合作，互相帮助、共同提高等方式进行学习，比传统的教学方式更加具有趣味性，在体育舞蹈教学的应用中可以获得更难忘的学习体验。第一，体育舞蹈常常需要很多学生合作完成，这就考验了每个人的熟练程度和配合默契；第二，在训练和学习中大家相互交流指导，共同探讨琢磨，这不仅提高了同学的团队合作能力，更是为今后同学们步入社会打下了一定的基础。

体育教学运用合作学习模式，学生被分成若干小组，每个学生都要保证参与度，让学生自主认识到自己的重要性，即让学生认识到自己是团体的一分子，自己的每个表现都会影响到其他小组成员的成绩。每个学生都要意识到自己的责任，主动对团队负责，对于老师教授的每一个体育舞蹈动作都抱着谨慎的态度认真学习，每个动作都保证它的完成质量。每一位成员认真履行自己的学习任务，还要共同学习必要的理论知识，通过合作交流，互相探讨来提高的自己学习质量。在合作学习的过程中每个同学必须树立合作意识，在一个团体中，每个同学都要互帮互助，在学习中遇到困难时

也可以向小组其他成员请求帮助，请求他人给予指导。小组成员之间要相互指点，互提意见，共同进步，每个成员都要秉持三人行必有我师的态度，善于向他人学习，找到正确的学习方法，达到体育舞蹈的美和协调等要求。通过合作式学习，每个小组成员之间可以取长补短，快速找到自己在学习过程中的问题所在，并且让问题得到及时纠正，为今后更深入的学习体育舞蹈做准备。

（二）合作学习模式在体育舞蹈教学过程中遇到的问题

1. 学生缺少合作意识

学生步入大学校园后追求个性发展，缺少合作学习的意识与积极性，将学生分配到各自的小组后，真正参与到小组活动的学生很少，绝大多数的学生在完成教师布置的学习任务时倾向于自主学习。除非一些必须由小组合作的舞蹈动作需要完成时才会选择合作，并且在整个学习的过程中交流互动很少，在体育舞蹈的学习过程中小组存在的意义不大，自然教学成果也就不甚理想。例如华尔兹舞蹈学习的过程中，需要两个人一组，每组一男一女，男女舞步不同，华尔兹的学习需要男女配合完成，男生女生之间也要通过交流合作提高默契，除了首先掌握必要的理论知识，找到正确的学习方法，正确掌握每个舞蹈动作的要领。可是现实的情况却是，学生往往是局限于两个人之间的交流探讨，很少是每个成员都参与进来的全组讨论，这大大影响了同学们的学习效果。

2. 合作教学模式本身存在的不足

教师将学生分组后往往要求小组合作共同完成学习任务，分组没有依据，常以简单容易执行为原则，最多只是依据平时对学生学习程度的大致了解，尽量做到将不同程度的、可以相互学习借鉴或者关系较好的几个同学分配到一组，但是在现实的操作过程中，男女两两一组都很难做到，因为不同院系专业男女比例不同。在教学实践中，工科，理科类专业女生紧缺，语言类专业中女生多但男生又很少，这就给实践中男女分组带来了很大的难度，很容易产生男生补全女生的位置或者女生补全男生位置的情况。

（三）改进合作学习模式实际应用的措施

1. 形成合理的合作模式

小组的构建要合理。一般的课堂分组人数要适当，不宜过多或过少，4到6人较为合适，合理的人数设置可以使得每个成员都有表达的机会，意见分歧也不会过多。而体育舞蹈的分组一般是两个人，两人一组保障了排练能够有效进行而不用顾虑太多人的空闲时间。另外，分组的方式也要合理。个人意愿作为最重要的考虑条件之一，其他条件作为调整的考虑因素，老师教学和验收成果时最好以小组为单位，而且最好保证不同小组间有着相似的水平，这样有利于组内学习和组外的相互借鉴。最后，合作模式的构建必须注意它的可实现性。在教学过程中，教授要认真耐心，给学生留下的练习时间也要足够，制定详细的评价标准和最终目标，并且保证定期指导和抽查。

2. 改变学生的观念意识

通过宣传教育从意识上改变学生对传统观念的认知，提高课堂效率，注重方法的传授。体育舞蹈的难度相对于普通体育项目难度较大，首先要求学生掌握必要的理论知识，其次要求学生的身体协调能力，最终达到提高学生综合能力的目的。学习过程要求他人配合，最好有小组之间的交流讨论，仅仅靠课堂的时长，学生不能够完美掌握体育舞蹈的技巧，所以小组的配合学习将发挥很大作用，以实现最好的教学成果。首先需要让学生认识到小组合作学习的重要性，并积极参与到小组学习当中，引导学生看到小组合作的优越性。其次如何合作学习需要教师的指导，学生之间相互熟络需要一定的时间，不敢交流不会交流容易影响学习质量。教师要作为媒介让学生尽快互相认识，分组后能够讨论合作，引导学生认识到，小组之间也并非竞争关系，而是相互学习借鉴的伙伴关系。

体育舞蹈具有美感和趣味性，在提高学生的身体素质的同时也使学生获得身心的愉悦，更能舒缓大学生情绪，适当减轻学生压力。在合作学习这一模式的实践中，在新模式应用的同时，也要配合传统教学模式，注重基本功教学。在体育教学方面形成一套完善的合作学习模式，对其他学科来说也相当有借鉴价值。

三、分层施教模式在高校体育教学中的运用

为更好地贯彻素质教育的发展要求，保障每个学生的综合全面的发展，在高校的体育教学中有必要采用分层教学法，因材施教，提升学生的身体素质，发挥学生的主体作用。本节阐述了分层施教模式的概念，并在比基础上对分层施教模式在高校体育教学中运用进行了研究。

（一）分层教学的概念

学生的智力水平、理解水平、接受程度、心理素质等存在着差异，采用"一刀切"的教学模式，素质水平高的学生得不到更好地提高和发展，素质水平较低的学生也不能有效地掌握所学的知识。分层教学法是针对学生的差异水平，对学生进行分组，教师根据每组学生的具体情况，有针对性地实施教学，从而达到不同层次教学目标的一种教学方法。分层教学法分为以下4个环节。（1）学生编组。学生编组是实施分层教

学的基础，根据学生的基础水平、接受程度、心理素质等，将学生进行编组，一组是按大纲的基础内容进行教学，一组是按略高于大纲的基本要求进行教学，一组是按较高的要求进行教学。当然，分组要根据学生的学习程度、理解程度等随时进行调整与变化。（2）分层备课。分层备课是实施分层教学的前提。教师要对教材的大纲与内容进行深入地学习与研究，并归纳哪些是需要掌握的基本内容、哪些是略高于大纲基本要求的、哪些是较高的学习要求和内容，从而更有针对性地进行教学。教师要根据学生层次的划分把握好授课的起点，处理好知识的衔接过程，减少教学的坡度，让所有学生都能学习、都会学习。（3）分层授课。分层授课是实施分层教学的中心环节。教师要以学生为主体，根据学生层次的划分把握好教学内容，保证分层教学目标的实现。（4）分类指导。分类指导是实施分层教学的关键。教师在教学过程中要因材施教，根据每个层次学生不同的素质水平采取不同的指导方法，促进学生进步，使学生由低层次向高层次转化，从而达到整体优化的目标。

（二）分层施教模式应用于高校体育教学中的意义

1. 有利于学生个人素质的发展

高校体育教学中，教师采用的是传统的"一言堂"的教学模式，所有学生的教学目标相同，素质较高的学生轻松地完成了教学内容，剩余时间或休息或自己进行更高要求的训练，由于没有教师科学合理的指导，学生提高较慢；而素质较低的学生，接受过程较慢，训练起来也较为困难，在短时间内也很难完成教学目标。分层施教，根据学生的层次不同，采取不同的教学目标与教学任务，有针对性地对学生进行指导，素质较高的学生得到更大的提升，素质较低的学生也能够完成教学内容与要求，实现学生的个体差异化发展，促进学生身体素质的提升，推进高校体育教学的改革与进步。

2. 有利于提升教师的专业素质水平

高校传统的体育教学中，每节课教师采用的是都是一种教学方法、一样的教学目标，教师的专业素质水平也得不到提升。分层施教模式要求教师根据学生层次水平，采取不同的教学目标、教学内容及教学方法，这就要求教师要深挖教材，并根据教学目标的不同，灵活地安排不同层次的教学策略。这给教师的教学任务带来了新的挑战和压力，极大地锻炼了教师的组织调控和随机应变能力，增强了教师的专业素养，提升了教师的专业素质水平，促进了教师个人能力的进一步提升。

3. 有利于学生积极性的调动

高校传统的体育教学中，教师对体育教学内容"一对多"进行讲解，学生进行练习提升。传统的体育教学模式单调、枯燥。素质较高的学生很快掌握了所学内容，剩下的时间或休息或进行其他的体育项目，素质低的学生由于难以掌握所学内容，缺乏合理的指导，自信心受挫，逐渐对体育运动失去了兴趣。这很不利于学生身体素质的提升，也不利于学生培养终身体育的理念。分层施教模式根据学生水平的不同进行分组教学，学生得到了有针对性的指导，较快地掌握了所学内容，增强了学生的自信心，调动了学生的积极性，学生更主动地参与到体育运动中来，提升了学生的身体素质，促进了学生的全面发展。

4. 充分发挥了学生的主体作用

传统的体育教学中，教师为主导，学生按照教师的要求对体育项目进行练习，师生之间、学生之间沟通较少，学生只是一味地进行体育项目的练习，很少发挥自己的主观能动性。分层教学模式，教师要根据学生的分组情况采取不同的教学目标及教学内容，教师也可与学生进行沟通，让学生参与到教学内容的制定中来，学生根据自己的实际情况，采取相应的目标及内容，培养学生独立思考的能力和探索问题的创造精神，充分发挥学生的主体作用，调动学生的积极性，培养学生终身体育的意识，促进学生综合素质的发展。

5. 有利于建立良好的师生关系

高校传统体育教学中，学生只是被动地按照教师的要求进行练习，师生之间沟通较少，学生对教师也是敬而远之。分层施教模式教师要鼓励学生根据自身的实际情况，探索适合自己的锻炼内容与目标，学生与教师之间正面交流增多，有利于建立良好的师生关系，拉近师生的关系，创造和谐的课堂气氛，从而更好地提升学生的身体素质，促进高校体育教学事业的改革与发展。

（三）分层施教模式在高校体育教学中的运用

1. 充分了解学生的体育水平，进行合理分层

高校在实施分层教学过程中，教师要对每名学生的资料进行研究分析，了解学生的个人身体素质、体育素质、兴趣爱好、性格特征等，与学生进行面谈沟通，并通过体育素质摸底考察等，充分了解每个学生的身体素质水平，并结合学生的实际情况进行科学合理的分组。教师可根据学生的个体差异，将学生分为3组，一组为体育素质水平较高的学生，一组为体育素质水平中等的学生，一组为体育素质水平较差的学生，并根据每组学生的个体差异，制定与之相适应的教学目标、教学内容等。

2. 制定科学的分层目标、分层内容及分层作业

实施分层教学模式后，高校要摒弃传统的"一刀切"的教学模式，要根据每组学生的实际情况，制定科学合理的教学目标、教学内容及作业等。对于体育素质水平较高的学生，要制定更高的教学目标，除完成基本的教学内容外，还可以拓展其他技能，使其得到优化，布置作业时主要以所学技术的实践应用为主；对于体育素质水平中等

的学生，以更好地掌握教学内容为目标，布置作业时以熟练掌握所学技能为主；对于体育素质水平较差的学生，以掌握基本的教学内容为目标，布置作业也已掌握所学技能为主，同时也要鼓励低层次的学生，熟练掌握所学技能，并向高层次努力。这样实现了差异化教学，增强了学生的自信心，提升了学生的身体素质，促进了学生综合全面的发展。

3. 实施评价分层，建立以促进全面发展的综合评价目标

分层施教模式由于教学目标及教学内容的分层，学生评价也应当实施分层。评价结果可根据学生的考勤情况、体育技能的提升情况、参加锻炼情况等得出。不同层次的学生教学目标及内容不同，对学生评价应注重学生不同程度的进步与学生不同的体育素质的提高，教师应当重点关注学生的努力，满足学生的心理需要，增强学生的自信心，进行科学合理的评价，以促进学生全面发展为评价目标，调动学生的积极性，培养学生的体育热情。

4. 高校实施分层教学时，应采用多样化的教学模式

高校在实施分层教学时，应充分发挥学生的主体作用，让学生参与到教学目标及教学内容的制定中来，培养学生独立思考的能力及探索问题的创新精神，学生结合自己的实际情况，制定与之相适应的教学内容，发挥了学生的主观能动性，调动了学生锻炼学习的积极性，增强了学生的体育兴趣。采用多样化的教学模式，能够激发学生的参与体育运动的动机，有利于分层施教的正常开展，提升学生的身体素质，促进学生的全面发展，也有利于实现素质教育的目标。

5. 分层施教时，要及时调整分层的教育状态

高校体育教学在实施分层施教时，学生的体育素质水平得到了不同程度的提高。学生存在着个体的差异，有的学生提高较快，有的学生提高较慢，这就导致了同一组的学生出现了体育素质水平差距较大的现象。教师要勤于观察、善于发现，并对分层情况及时进行调整，以便更好地促进学生的发展，充分发挥学生的潜能，使学生得到更好的优化，从而培养学生的体育兴趣，提高学生的身体素质水平，促进学生全面综合的发展。

6. 分层施教时，要加强学生的心理疏导

分层施教是根据学生的层次水平的不同进行分组，这并不等同于传统的优良差生的区分，只是换种方式使自己得到更好地提升与进步，形式上不存在优劣之分。但受传统观念的影响，低层次的学生易产生自卑心理，认为自己不如别人，从而失去体育锻炼的热情。因此，教师要加强对学生的心理疏导，强调学生的进步是评价的标准，增强学生的自信心，调动学生的积极性，让学生快乐地参与到体育锻炼中来。

分层施教是实现我国素质教育目标的重要手段。高校体育教学实施分层教学法有利于学生个人素质的发展、提升教师的专业素质水平、调动学生的积极性、发挥学生的主体作用、建立良好的师生关系等。因此，高校的体育教学应普及发展分层教学法。应充分了解学生的体育水平，进行合理的分层；制定科学的分层目标、分层内容及分层作业；实施评价分层，建立以促进全面发展的综合评价目标；采用多样化的教学模式；及时调整分层的教育状态；加强学生的心理疏导，从而能够更好地促进学生的综合全面发展，推动我国体育教学事业的改革与进步。

四、高校体育教学中"协同教学"模式的运用

在传统的教学中，教师只能按照大多数学生看法和特点进行整体教学，对于班级中的一些体质较差的学生教师很多时候不能全面的顾及。这样的教学方式就会让学生的成绩造成参差不齐的效果。通过新型教学的模式引进，让学生认识到自身的不足，看到他人身上的闪光点，进而实行相互学习，取长补短的学习方式，全方面加强学生的学习效果，进而可以更好地提高高校学生的学习成绩和学校效果，进一步加强学生的身体素质。

（一）协同教学的含义和特点

1. 协同教学的内在含义

协同教学，顾名思义就是指由两个或两个以上的教师及教学辅助人员以一种专业关系，组成教学团队，彼此分工合作，共同策划和执行某一单元、某一领域或主体教学活动的一种教学形式。利用这种新型的教学方式，可以大程度的解决体育课堂中学生体育成绩参差不齐的问题，让学生与学生、学生与教师之间可以进行合作式学习，进而发挥"协同教学"在体育课堂中的重要作用。

2. 协同教学在体育教学中的运用特点

在传统的教学课堂中，很多教师都使用传统的教学方式来教育学生。很多时候，大都进行整体的体育教学。这样的教学方式便会导致班级中一些体能较差的学生体育成绩不理想，一定程度上降低了学生对体育教学的学习兴趣。在现阶段的高校体育教学中，教师大力引进"协同教学"的方式来进行教育学生。让学生与教师之间可以进行良好的互动。而教师在教学的过程中也要深入了解每位学生的体育状况和身体素质，进而根据学生的特点进行因材施教。协同教学重要的方式就是打破了传统中单调的教学方法，利用教师和学生的体育特点进行合理的小组"协作教学"，进而充分发挥高校学生的团队精神。

（二）高校体育教学中"协同教学"模式的运用

1. 教学团队的组建

"协同教学"的主要方式在于教学团队的组建，在实行这个教学的过程中团队的组建就是教学的重要部分。在现阶段的高效性体育教学中大力引进"协同教学"的教学模式，就可以一定程度上改变现阶段课堂中存在的问题。在教学的过程中教师主要培养学生自主学习的方式，让学生在自主学习的过程中可以充分发挥自己的思维方式，因此教师在教学的过程中要建立一个良好的教学团队。教师在建立团队的过程中要将体育兴趣爱好相同的学生分配到一个团队中进行自主学习。例如：教师在进行组建团队的过程中可以将喜欢打篮球的男生组建到一个篮球队中，根据男生们的兴趣爱好和体育能力来进行合理的分组，然后教师便可以将女生组建成一个啦啦队，为男生进行加油打气。这样的教学方式便可以一定程度上顾全大多数的学生。教师在进行分配成员的时候不能只单方面考虑学生们兴趣，同时成员的优势和劣势互补也是教师应该看重的一点。

2. 共同制定计划并协作实施

在制定计划的过程中，不仅需要教师与学生之间的相互合作，而且还需要几位体育教师的共同参与。从教师到学生每个成员都可以发表自己的观点，主要探讨的观点在于：学生的需求评估、学生的目标设计和教学方法设计等几个方面，对于团队成员中每个角色、每个任务教师都要进行一系列的相互探讨，找出合适的方式进行整体设计教学内容。无论是教学内容，还是教学方式，都是有教师和学生进行一同创新，共同开展，在做出计划之后教师和学生便要进行计划的实施。

3. 持续的沟通和反馈

在进行教学的过程中，教师与学生要根据"协同教学"的方式进行不断的实践、不断地进行沟通。确保每个成员都可以慢慢地接受这种新型的教学方式。在进行教学方式中一旦出现问题，教师便要对教学方式及时做出修整，妥善地处理好教师与学生之间的关系，进而引导教师做出正确的教学决策。在进行"协同教学"中，学生和教师都要对教学效果进行及时的反馈，以免在教学过程中出现一些教学问题，导致学生不能更好地进行体育锻炼。

综上所述，随着教学方式的不断改革，传统的体育教学方式已经无法满足当代高校学生的学习需要。因此，在现阶段的高校体育教学中，教师要把握好教学的方法，在体育课堂中大力引进新型的教学方式"协同教学"。对于高校学生来说，很多学生为了日后可以找到一个好工作，大多时候将学习重点放在专业知识的学习上。这就会在一定程度上降低学生的身体素质，学生一味地在课堂中进行学习，没有进行体育运动，时间长了学生的身体素质就会一定程度上慢慢降低。因此，教师在教学的过程中一定要转变学生的这种理念，让学生可以走出教室、走进操场进行一系列的体育运动，教师也要找到正确的教学方式，进而为社会培养更多的高素质人才。

五、"互联网+"视域下混合学习模式在高校体育教学中的运用

通过调查了解到，现阶段混合式学习模式尽管在高校体育教学中逐步实施，但在实践过程中，还有诸多问题存在。需要教师在今后的工作实践中，不断探索混合式学习模式的运用方法。教师应与体育教学内容相结合，合理分析和研究学生自身的特点和学习水平，开展有针对性的教学。通过现代化教学技术的积极运用，进一步提高学生的体育水平，对学生未来的发展，发挥积极的推动作用。

（一）高校体育教学中的"互联网+"影响

1. 从封闭走向开放：对体育教学生态的冲击

传统的教学活动是在学校这个封闭的空间开展的，在学校这个实体之上开展的对教育的认知。"互联网+"将传统学校教育模式打破，并由此催生了可汗学院、慕课等新兴的网络课程，将更加优质的教育服务为广大师生提供。"互联网+"下的教育是一种开放式教学，既融合现实与虚拟，线上与线下。因为改变了教育形态，因而改变了教学生态。体育教学在互联网支持下，打破了"在场有效性"的壁垒。学生们通过网络，能对体育经验进行分享，对体育技能进行学习，体育教学活动开始实现了"课内外一体化"。而不断变化的教学环境，对教学生态系统中的其他要素产生了不同程度的影响，由此使学生具有更加多元化的获取知识的渠道，同时也有着更加丰富的学习内容，师生的交流方式从面对面变为线上交互并存。

2. 从单一走向多元：对体育学习方式的冲击

传统模式下，课堂为主要的学习地点，学生模仿教师的过程，也是体育教学的过程。而"互联网+"将这种限制突破，因为拥有便捷和丰富的网络资源，学生获取知识的渠道，不再是教师传授。学生的体育学习可以不受时空的限制，既可以在课堂上，还可以在网络上，随时随地的展开学习。由此使学生的学习行为、学习方式发生变化。随着迅猛发展的泛在计算技术和移动计算技术，还有一批新型的创新学习方式衍生出来。尤其是全面覆盖的无线网络和广泛普及的以手机为代表的移动终端设备，能帮助大学生快速获取知识。

3. 从灌输走向互动：对体育教学方式的冲击

在传统的体育教学中，教师拥有绝对的权威，是知识的主要传递者。而学生作为客体，只能被动地接受知识，教学采用灌输式。互联网时代的到来，开始向社会公众开放海量的信息资源。教师不再是知识唯一拥有者，互联网将教师的知识垄断打破。"教"不再是"学"唯一渠道，学生由知识的被动接受者向主动建构者转变。教学重心由"重教"向"重学"转变，并且由教师灌输师生互动转变，并由此建构了一种新的教学模式。

（二）"互联网+"背景下高校体育教学应用混合学习模式的意义

1.增强学生的体质，促进学生个性化发展

混合学习模式是指通过融合网络与实际教学，将正确的运动观念向学生灌输，在增强学生身体素质的同时，还能使学生具备良好的道德素质和心理素质，最终提升自身的综合素质，学生可与自身的兴趣与爱好相结合，通过应用混合式教学模式，对体育知识有选择地学习，促进学生个性化发展。

2.推动体育教学的深入开展

混合学习模式主要是有机的融合"线上"教学模式与"线下"教学模式。新形势下，高校的教育目标就是立德树人。为此实施混合学习模式，通过结合线上与线下，理论与实践，学生的自主学习和课堂教学，对体育教学机制不断完善，由此对深入开展体育教学，发挥积极的推动作用。

（三）"互联网+"背景下高校体育教学应用混合学习模式存在的问题

（1）重视程度不够。尽管目前大部分高校都对混合式学习模式进行了运用，但却没有得到管理人员的高度重视。在其资源、人力和物力方面，不愿投入太多，所以导致混合式教学模式物质基础的匮乏。

（2）缺乏健全的应用机制。为了更好地运用混合学习模式，必须对现有的应用机制进行改善。现阶段一些高校混合学习模式的机制尚未建立起来，使之具有较差的应用效果。究其原因，一些教师并没有掌握混合式教学的运用方法，不能有效落实混合式教学模式，使之更多停留在书面上。

（3）缺乏完善的融合体系。为了提高高校体育教学质量，就必须要将"线上"与"线下"教育的协同作用充分发挥出来。而纵观现阶段高校的应用现状，教师在教学过程中，未能紧密联线上与线下教学。在实施线上教学时，也没有对多媒体设备充分运用。同时也未能详细讲解部分重点问题，白白浪费了学校所投入的资源。另外，尽管有一些教师也在应用网络教学，但却未能进行及时的评价和正确的指导，没有及时搜集学生的反馈信息，使教育部门不能及时完善教学体系。

（四）"互联网+"背景下高校体育教学有效应用混合学习模式的策略

1. 创新混合学习理念

行动的先导，就是理念，新形势下，人们越来越重视"互联网+教育"模式，高校体育教学步入了新的发展阶段，而如何创新和改革混合式教学模式，是目前亟待解决的重要课题。需要高校在开展体育教学的过程中，在教学体系中，纳入混合式教学模式。因为混合式学习模式的系统性极强，所以在具体的实施过程中，需要不断创新混合式学习理念，将其作为重要的战备性举措，助推高校体育教学改革的发展。为此，学校要加大投入力度，完善相关硬件和软件设施建设。同时，为了更好地应用和推广混合式教学模式，积极引导教师加强研究和学习。通过混合式教学模式的运用，促进学生的全面发展。同时，高校体育教学中还应打造一支高素质的教学队伍，能对混合式学习平台熟练掌握和运用。在体育教学中，帮助学生运用移动终端，对相关知识进行学习。

2. 打造混合学习平台

对"互联网+"平台的有效运用，是开展混合教学模式的前提和基础，由此才能使混合式教学取得良好的成效。首先，在具体的应用过程中，高校可对相应与"互联网+"相关的"线上"学习平台、APP平台、网络平台进行构建，使之更加系统和完善。其次，还要对混合学习平台的创新性建设高度重视，深入调查和分析学生的学习需求，与学生的实际情况相结合，紧密结合混合式学习模式。不断创新教学方法。作为一种新兴的教学模式，在教学过程中，运用混合式教学，围绕教学内容，在短时间内，通过信息化技术手段的运用，组织和开展一系列教学活动。教师还可利用信息化这个载体，围绕教学中的某个知识点或某个环节，在实际教学过程中，创建情景化的教学模式，最终促进教学目标的实现。同时，教师在教学过程中，还可运用慕课的教学方式，为学生的学习提高便利，以不断提高学生的体育水平。

3. 完善混合学习体系

首先，确保混合学习取得良好的成效重要保障，就是对混合学习体系的健全和完善。在实施高校体育教学混合学习模式的过程中，需要对混合学习体系建设高度重视，使之向着持续化和规范化的轨道发展。为此，需要将"线上"与"线下"的关系处理好，高度融合互联网与传统的课堂教学。对于"线上"学习而言，需要对理论教学高度重视；将混合学习的多元化支撑功能充分发挥出来。其次，高校要加大力度，切实研究混合学习模式，并且要构建相应的教学制度，能有效延伸和拓展已经取得良好成效的混合式教学模式。最后，教师在运用的过程中，也要不断创新自身的教学体系。例如，通过有效融合混合式学习模式与微课教学、多媒体教学，形成更具有针对性的教学体系。

例如，教师可以通过录制微课视频，汇集一些重点和难点问题，学生通过线上方式自主学习，能使学习成效达到最佳。

近年来，混合式教学模式的运用越来越广泛，但同时也暴露出很多需要解决的问题。为此，需要高校持之以恒的探索和实践，营造良好的环境，为混合式教学的实施提供保障。同时，教师还应不断加强自身的学习，对教学战略深入研究，转变传统的教育理念，提升对混合式教学模式的重视程度。不断完善和创新混合式教学模式，实现与现代化高校体育教学的无缝对接，由此对"互联网＋教育"高校体育教育事业的发展，奠定牢固的基础。

六、多元化教学模式在高校体育篮球教学中的运用

篮球作为大众所热爱的基础性体育运动之一，能够通过篮球运动对人的身体素质进行锻炼使人的心理更加的健康。在素质教育背景下，高校不仅对学生的学习状况进行关注、对学生的身体素质和心理素质以及其他各方面的能力也越发的重视起来。这就需要高校体育老师根据各班的情况来展开教学，使学生的打篮球的技巧得到提高，能够更好地"玩转"篮球这项运动。篮球这项运动已经在我国发展了很多年，我国也涌现出了一批篮球健儿，如姚明，而且受我国应试教育的影响，很多的学生在竞争激烈的高考中熬夜学习、又缺乏锻炼过早的消耗了他们的身体。所以，等他们升入大学后很多大学生的身体素质便开始下降了，大学生是国家未来发展的储备力量，需要增加大学生的锻炼量来提高他们的身体素质。

（一）高校体育篮球教学中现存的问题分析

1. 教学形式单一，学生兴趣不足

在传统的篮球教学活动中教授篮球的老师的教学重点普遍偏重于篮球运动的技巧方面，一般是通过让学生重复性的模仿练习来对篮球运动的技巧进行掌握，老师在一旁对学生运球动作中出现的错误进行纠正，学生在课堂上需要花费很长的时间对这些技巧动作进行重复性的学习和锻炼，时间一长学生没有了原来的精神百倍，只剩下了疲惫学生的篮球运动效果自然就提不上上去、甚至出现下降的情况。

2. 需求难以匹配，学生被动接受

多元化的篮球教学模式能够让学生学习篮球的压力被有效地减轻，而且篮球运动具有很强的娱乐性、也是一种竞技性体育，能够在锻炼学生身体的同时对学生的精神进行愉悦，释放学生所受到的压力，帮助学生提高自身的身体素质。但是，就我国目前的篮球教育来说，很多高校的教学方式还是比较的单一、与院校学生的实际学习能

力和学习需求并不相匹配，体育老师在篮球教学过程中并没有将对教学活动的指导落到实处，这就导致学生的需求与老师的教学指导难以对接，学生在篮球技巧学习的过程中通常处于比较的被动的状态、这对学生养成终身锻炼的好习惯是非常不利的，也不利于篮球教学取得好的教学效果。

3. 评价体系匮乏，考评不够客观

科学合理的教学评价体系能够为促进学生全面性的发展，但是，现在大部分的高校篮球教学评价体系还是比较的片面，只在期中或者期末对学生的学习状况进行考评、然后依据学生的篮球成绩对学生的表现进行综合的判断。这与现代素质教学理念所提倡的客观公正、对学生的综合素质、专业能力以及他们的教学评价体系不健全的地方进行关注，否则会对高校篮球教学考评的真实性和全面性造成不利的影响，也不利于学生综合素质和篮球技能水平的提高。

4. 水平参差不齐，体能是共性问题

目前我国最高水平的高校篮球联赛是中国大学生男子篮球联赛(简称CUBA)，CUBA自1996年创办至今，发展速度十分快，话题度和热度也日渐升高，尤其是去年暑期优酷推出网络综艺节目《这就是灌篮》后，众多CUBA球星组队参加，取得了不俗的成绩，使这个联赛的受关注程度不亚于我国男子篮球职业联赛。但是在一些CUBA篮球比赛上，均不同程度上暴露出我国高校男篮队员体能水平不足的问题，这正极大的制约着我国篮球运动向更高水平的发展。且经研究发现高校内举办的院级篮球赛、专业间篮球赛及班级篮球赛，普遍存在体能不好，队员容易体力不支、产生肌肉痉挛、对抗后动作易变形等情况。因此，加强我国高校男子篮球代表队运动员、高校公共体育篮球课的体能训练，对提高我国篮球整体运动水平具有极其重要的作用。

（二）多元化教学模式在高校体育篮球教学中的运用方式

1. 树立正确的教学理念，发挥信息技术的优势

结合国家对大学生提出的体质健康标准，高校公共体育课中必须加强体能训练。高校体育教学的原则是以"健康第一"和"终身体育"的思想，高校体育课的目的在于增大学生的锻炼量、使学生的身体素质得到较好的锻炼，同时适度的体育锻炼也能帮助学生释放出心里的压力，让学生能够心情愉悦，心理素质得到有效地增强，帮助学生养成终身锻炼的意识，因此在篮球教学过程中需要老师树立正确的教学观念，让学生在学习好篮球技巧的同时感受到篮球这项运动所释放出的魅力，在生活学习过程中保持积极乐观的心态。体育教学基本上都在户外或者室内篮球场上进行，但是，在教学过程中不妨将多媒体技术也应用到其中帮助学生营造良好的篮球技巧学习氛围。比如，在对三步上篮这项篮球技巧进行学习时就可以运用多媒体设备先对三步上篮的

动作技巧、弹跳技巧理论上的讲解，让学生反复观看 NBA 等篮球赛事的上篮技巧，让学生在观看比赛的过程中对三步上篮这项技能进行掌握。

2. 尊重学生的个体差异，渗透团队合作的意识

学生在成长过程中由于家庭背景、生长环境、自身性格、智力、能力等多方面的因素会导致学生之间存在差异，在篮球教学过程中老师要尊重学生之间的差异，根据学生能力水平的不同因材施教，在教学过程中老师要注意和学生之间的互动交流，将每个学生学习篮球的潜力充分的挖掘出来。篮球是一项团体性活动，需要五名队员之间相互配合，要求团队之间具有很强的团队意识。因此老师可以将五个学生分为一组，通过小组之间切磋来培养学生的团队意识，进而将篮球的教学效率得以有效的提升。

3. 体育教育需求提高，课堂内容加速更迭

课改之后，体育课堂原本传统的"基本知识、基本技术、基本技能"的授课内容已经被摒弃，现在的体育课主要对学生的认知、心理情感和行为表现能够有所要求。不论今后的课程会有怎么样的改革趋势，高校的体育课都将受到体育事业其他方面越来越多的影响。随着我国经济实力、教育水平、综合国力的提升，现在的竞技体育中有许多专业的运动技能和训练方法能够被体育爱好者所模仿并掌握。与许多年前只能被专业运动员所掌握所不同，现在的高校体育课也在探索体能训练以及相关概念，普通的全日制本科生对个人的体能的训练需求也能够得到满足，因此高校体育教师更应该加速自己课堂内容的更迭。

4. 构建多元化评价体系，促进学生的全面发展

传统的考评体系考评结果比较的片面，因此需要构建多元化的考评体系对学生的素质进行综合性的评定，建立教评与学生自评相结合的考评体系，使学生能够对自身存在的不足之处以及自身所具备的不足之处都进行了解，帮助学生指明了篮球学习的方向，提高学生的篮球素养。

综上所述，篮球作为全民热爱的体育项目之一，为篮球教学的展开奠定了良好的基础，为了能够在篮球教学过程取得良好的教学效果需要不断地对篮球教学的方式进行创新。同时，老师在教学过程中应当树立正确的体育教学观念，老师要注意学生和学生的身体素质、灵活度是不同的不能一概而论，要努力激发学生对篮球这项运动的兴趣，从而使高校篮球教学效率能够得到切实的提升，学生的身体素质和心理素质能够的有效的提升。

七、高校体育教学中俱乐部模式的引入和运用

大学生身体素质不高已经成为当下高校体育教学的最大障碍，甚至相关高强度的

项目有的学生无法参加，这个现象也引起了社会的广泛关注，因此，高校体育改革的指导思想即为"健康第一"。在这个指导思想下，教学者需要鼓励、引导学生积极自主参加运动，增强体质。培养学生自主运动的习惯不是一朝一夕之功，根据这个目的，俱乐部模式的教学方式有其独特的探索意义。

（一）在当下高校中引入俱乐部教学模式的实施情况

1. 简捷高效体育俱乐部教学模式

顾名思义，高校体育俱乐部教学模式即模拟俱乐部的形式，让学生在组织下按自己的意愿选择参加相关的体育运动项目。我国现阶段的俱乐部教学主要有2种形式，分别是课内教学、课外教学。其中，课内教学是指在正常教育教学时间内，教学者组织进行，即将这种模式运用到课堂教学中去，课外教学是指学生在课余时间，根据自己的意愿，或自主组织，或在学校以及相关学生社团的组织下进行自主锻炼，课内教学的最终目的是让学生对体育锻炼产生兴趣，从而积极自主的进行课外锻炼，同时，为课外锻炼打下良好的基础。现阶段的体育教学俱乐部模式已经取得了较为良好的教学成效，值得进行推广。

2. 体育俱乐部模式教学的积极作用

不同于传统的体育教学，俱乐部模式是从学生自己的兴趣以及意愿出发的，众所周知，高校的教学有更大的自主性，学生的学习也有更大的灵活性，传统教育教学模式的灵活性较差，学生往往在课堂上很难对运动产生兴趣，而今的俱乐部模式教学可以将相同兴趣的学生放在同一个班集体内，让在该项目中专业性较强的教师对他们进行统一指导。这样，相同爱好的学生之间很容易产生共同话题，班级内部运动氛围会更加浓厚，从而加强学生的身体素质，让学生充分发挥其主观能动性。每个学生都有擅长的项目和不擅长的项目，这种教学模式在某个层面上来说也是因材施教，将学生加以分类，进行专项教学。除此之外，学校的硬件器材也难以满足每一位学生的需要，进行俱乐部教学模式可以在一定程度上减少学生使用器材的冲突，也方便器材管理者进行管理。

3. 俱乐部教学模式在实施过程中遇到的困难

俱乐部教学模式作为一种新的教育教学模式，其在起步阶段肯定会遇到各种问题，首要的问题就是师资力量，俱乐部教学模式需要教学者具有较高的专业素养以及专项运动项目的素质，而调查显示，多数高校的体育教学者整体年龄偏大，学历偏低，相关理论知识等还较为薄弱，教师擅长的专项项目大多集中于几个传统项目，如：田径、健美操、足球、篮球等等。专修羽毛球、排球、网球、定向运动的教学者相对来说数量较少。而这些教师还会因为硬件器材跟不上而难以开展正常的教学活动。其次，是学生思想观念以及接受教育模式上的阻碍，在多年的应试教育下，大多数高校学生仍然保留着学习是为了考试的观念，在这种观念下，要让学生迈开腿、走出去进行锻炼是较为困难的，在没有考试的压力下，多数学生基本不会主动参加某种学习或者锻炼，而俱乐部教学模式要想顺利开展，在很大程度上还要依赖学生的自觉性。因此，在大一、大二两个年级的教学中，教学者一定要注重对学生兴趣的培养，让学生养成良好的自主锻炼习惯，这样才能保证俱乐部教学模式的正常开展。

（二）将俱乐部教学模式应用于教学的措施

1. 从根本上改变体育教学的观念

高等院校的实力不仅仅体现在其科研能力的高低上，还应该体现在其对于人才的教育和培养上，而培养人才，除了要注重智力培养，还要注重身体素质上的加强。因此，高校必须重视体育教学，在体育设施以及器材上要加大购买与维护投入。除此之外，对于各种俱乐部的运营，高校也可以直接放手给学生，甚至让学生进行自主运营，实现资金的多渠道来源。在教育教学上，不仅要开设传统的例如羽毛球、排球、篮球、乒乓球等项目，还要与时俱进，开设一些比较受学生欢迎的新型项目，例如：瑜伽、攀岩、射击等等。这样才能充分激发学生的运动兴趣，从而提高其锻炼的积极性，使学生在新的尝试中发现自身更多的潜力。只有这样，俱乐部教学模式才能在最大程度上发挥其功效，让学生真正得到身体素质上的提高。

2. 使教学模式多元化

教学模式的单一性会导致学生学习兴趣不高，教学成效低下等等问题。在俱乐部教育模式下，可以进行"一体化，分层次"教学。一体化是指体育教育与其他教学一体化，避免学生的运动时间被其他专业课挤占，而分层次是指不同水平、不同兴趣爱好的学生进行分类教学，将水平相近、爱好相同的学生分到同一个班级，从而方便教师进行分层次教学，发挥学生的特长。在教学之余，教学者要善于发掘学生的优势，对突出的学生进行训练，选取大学生运动会中的小裁判员与教练员。扩大体育人才后备培养，为高教体育教育做出贡献。多元化的教学模式还可以增强体育教学的新颖性以及娱乐性，让学生养成健康的生活方式，从而提高学生进行终身锻炼的可能性。

3. 完善考核评价体系

现今的体育教学考核大多采取定量考核的方式，对学生的个体差异性考虑不周。在素质教育理念中，学生的成绩不能仅仅依靠分数决定，还要多方位、全面的对学生进行综合素质的考核，例如对学生运动的积极性、运动技能的提高速度等等进行考核，帮助学生发现自己的潜在优势，因此，建立科学合理的考核评价体系就显得尤为重要，同时，合理的评价体系也能在一定程度上帮助学生树立运动的信心，提高学生运动的热情与积极性。

4.对俱乐部的运作经营体系进行完善

俱乐部的开展，最终目标仍然是提高高校体育教学成效，对这一点一定要充分认识，不能舍本求末。俱乐部在运营过程中，应当选拔专业素质过硬、交际能力较强的教师担任管理骨干，让每个俱乐部都有相关的责任人，分层次逐级管理，实现资源和人才的有效合理配置，合理规划学生的运动时间，对学校的硬件器材进行维护和管理，引导学生选择适合自己的运动项目，避免因学生的自主选择而出现某个项目选择人数过多的现象。在一阶段的俱乐部活动参与后，要组织学生进行反馈总结，并且为俱乐部更好的发展提出意见，方便教学者进行不断完善，从而达到不断提高学生运动兴趣，提高学生身体素质的最终目的。

在现阶段，我国的俱乐部教学模式仍不够成熟，其实施过程也遇到了许多阻力，但这个模式的提出仍为高校体育教学解决了一些固有弊端，许多高校体育教学者已经意识到当下教育模式的不足，并且开始积极改进。将俱乐部教学模式真正大规模引入高校体育教学还需要社会、学校与教学者的共同努力。作为高校体育教学工作者，我们要不断提高自身专业素养，加强理论知识建设，大力推广俱乐部教学模式。

第五章 民族传统体育教学理念

第一节 少数民族传统体育教学的意义

中国传统文化历史悠久，辉煌灿烂。先人通过几千年的探索发展，形成了与世界其他地区不同的体育项目，这些体育项目蕴含着先人的智慧，更适合亚洲人进行锻炼，理应得到社会的重视。自从新中国成立以来，国家开展多次少数民族传统体育项目的竞赛，但是都没有激起多大的水花，这主要是因为社会对于传统体育项目关注的不足，在高校率先开展少数民族传统体育教学可以增加社会的关注度，并且培养一批继承传统体育项目的人才。

一、开展少数民族传统体育教学的意义

（一）少数民族体育教学的概念

随着经济全球化的发展，不同国家，不同文化水乳交融，当代年轻人对于外来文化的接受能力较强，许多传统的价值观正在被挑战，质疑，甚至发生改变。很多国家在发展中文化的传承和发展受到阻碍，首当其冲的就是中国传统文化，中国文化源远流长，在各个方面都胜过其他国家文化，具有较强的传统性，少数民族传统体育项目就是其中之一，其在继承上出现了后继无人，了解传承的人越来越少，在外来文化的冲击下，我国文化能否保存独特性，就要看传统文化能否得到重视发扬。近些年来，经济发展过快产生了一些梦幻性，对于很多人，他们开始追求中国传统生活。这是良好的开端。

自从改革开放以来，少数民族体育项目得到了空前的重视和良好的发展。少数民族体育是指具有中国传统的体育项目，经过历史的演变和发展，形成自成体系的一套运动，具有强身健体和娱乐的作用。它不同于现代体育项目，传统体育项目具有唯一性，独创性。是博大的中华文化的证明者，需要得到继承。

（二）少数民族体育教学项目分类

少数民族体育项目分类有很多类型。按照竞技类型分类，可以分为赛马，射箭，斗牛，打陀螺，赛龙舟等等。其特点是竞技性较强，适合作为比赛运动，在全运会的项目中就有很多的类似的项目，也有许多优秀运动员在练习。按照娱乐性可以分为丢花包，抢绣球，跳大绳等等。这些项目很难评分，一般可以作为娱乐项目的出现，在人民空闲时间进行运动，这类运动一般不能作为比赛出现在赛场，但是观赏性较强，可以出现在娱乐节目中作为对传统体育项目的传承。

二、目前开展少数民族体育教学的现状

现代化进程中生态结构的变迁对我国民族传统体育文化传承带来了巨大的冲击。民族传统体育文化的存在一般需要多个族群或者村落共同支撑，如许多民族传统体育开展的民俗基础是青年婚恋与嫁娶，这就意味着民族传统体育文化要在不同族群之间展开。由于地理生态上的破坏，许多族群被迫离开或解散，而采用其他的沟通与活动方式。现代化现象在中国已经延伸到新疆、云南、广西、内蒙古等最边远的地区，高楼、铁路、工业不断改变着原有的生态环境，也就失去了最原初的意味与内涵。这样的发展性质也会潜移默化的转变，不再具有朴素单纯的目的。

由于文化内涵和文化背景已经发生了变化，与原来的大相径庭，所以目前开展的体育教学不够完善，效果也不好。

三、关于推广高校民族体育教学的意义

（一）继承了中华传统文化

少数民族体育项目经过几千年的发展和继承，早已经作为一种文化符号，深深烙印在中华传统文化，他是中国文化的组成者，也是文化发展的载体。少数民族从先人代代相传至今，与中国人民的身体素质最为贴切，与中华儿女的习惯和娱乐点最为匹配，每一个体育项目都能体现先人的智慧，它把协调性，娱乐性，竞技性综合在一起，并且一般不把比赛的胜利作为终点，这与现代体育精神不符合，中国传统体育运动讲究的是过程，能够在过程中得到快乐就足够了。少数民族体育记载了人际交往，人民个性，人民友情等等，具有很强的民族符号。

（二）让高校体育成为一个有机载体

首先少数民族体育运动可实践性较强，具有娱乐性，适合在高校推广，高校可以将其作为体育课内容推广教学，既使学生身体素质得到加强，又无形之中以一种文化的姿态培养高校大学生，使其作为一种载体继续在未来的生活中传递，一举两得。其二高校学生课余时间较多，适合少数民族运动的背景，即在一种舒适的环境里进行，以娱乐性质作为目的，如果以一种强加给学生的姿态，会使学生反感，而在课余时间里学生很容易以一种社团，组织的形式继续开展少数民族运动的学习，而不是在课堂严肃的环境，这种发展形势也是最适宜少数民族运动继承的环境。

当代学校体育开展中，民族传统体育项目也逐渐受到重视，尤其是在民族地区，如1996年广西民族学院（现广西民族大学）已经把"抛绣球"、"抢花炮""珍珠球"、"赛龙舟"、"板鞋竞速"等项目作为体育课程内容进行民族传统体育教学探索。今天学校体育教育要整合传统和现代体育资源，由点及面传播先进的体育理念。在体育教学中灵活采用民族传统体育项目，也要敢于改革与创新。随着越来越多的接受过民族传统体育项目教育的学生进入社会，民族传统体育的认可度会逐渐提高。学校作为知识与技能传播场所，培养大量民族传统体育文化传承体系的践行者，是文化传承体系的出发点。

传统体育蕴含着中华五千年的历史，随着近些年来西方经济的突飞猛进，其文化也不断地冲击着我国传统文化，高效地体育教学就是一个例子，大多数都是游泳，篮球，乒乓球，羽毛球等等项目，他们都是西方创造的项目。事实上我国少数民族也存在着很多体育项目摔跤，射箭，骑马等等，他们需要被传承。我国体育部门要探索高校改革途经，分析挖掘传统体育项目，尽快实现传统体育项目的应用，促进我国传统文化在现代化社会的适应和发展。

第二节 民族传统体育教学对学生的影响

当前，我国高校对体育教学的重视程度日益提高，并不断对体育教学的具体内容进行丰富。多数高校，均将民族传统体育纳入了体育教学的范畴，并对相关课程进行了设置。民族传统体育具有鲜明的民族特色和传统文化特征，在高校体育教学中占据的地位日益重要。高校要充分认识到民族传统体育教学对高校学生产生的重要影响，加强重视，并立足于体育教学实践，积极探究有效措施对民族传统体育教学进行有效加强。

民族传统体育，是指中华民族基于长期社会实践，所创造发展而成的体育运动体系。民族传统体育深受我国传统文化的滋养哺育，蕴含着我国各民族劳动人员的社会劳动实践，具有鲜明的民族特色，同时，民族传统体育蕴含了我国各民族的文化积淀。

在长期的融合发展过程中，民族传统体育体系日渐完善，涵盖多种体育运动项目，诸如竞赛体育项目、娱乐体育项目以及庆典体育项目等。

高校开展民族传统体育教学，对高校体育教学发展具有至关重要的意义，具体体现在如下方面：拓宽了高校体育教学的内容，增强了高校体育教学的丰富性和趣味性。民族传统体育不同于现代的竞技体育，其民族特色极为鲜明，具有种类丰富的体育项目。将民族传统体育纳入高校体育教学，能实现对教学内容的有效拓宽，并增设趣味性较强的体育教学项目；能激发高校学生对体育课程的学习兴趣和积极性。当前，多数高校学生缺乏对体育课程的学习兴趣，对高校体育教学呈现出消极怠惰的学习态度。究其原因，是高校传统体育教学缺乏丰富的教学内容，教学内容呈现出较强的枯燥性和单调性，难以激发高校学生的学习兴趣和热情。民族传统体育项目种类丰富，且趣味性较强。高校开展民族传统体育教学，不仅能丰富体育教学的内容，还能增强体育教学课程的趣味性，能激发学习兴趣，转变学生态度，使他们积极投入体育学习训练之中；有助于加强德育教学渗透。当前，高校日益重视加强德育教育在体育教学中的渗透。民族传统体育蕴含了民族文化的道德伦理、价值观念等内容，以传统武术为例，传统武术极为重视武德。高校在开展传统武术教学的过程中，势必深入培养学生的武德，对于提高高校学生的思想道德水平具有重要作用。因此，高校开展民族体育教学，有助于加强德育教学渗透。

一、民族传统体育教学对高校学生的影响

（一）增强学生的爱国主义精神和集体荣誉感

民族传统体育蕴含了各民族深厚的文化积淀，体现了共同的文化意识。民族传统体育有助于对社会集体意识进行有效强化，还能有效凝聚社会群体的向心力。诸多民族传统体育项目，例如赛龙舟、赛马、摔跤、斗牛、武术等通常与各类传统节日相互结合，在庆祝节日的过程中，开展相关传统体育项目，能有效激发群众对传统体育项目的参与兴趣和积极性，在下意识中融入民族群体中。参与民族传统体育项目，不仅能激发参与者的竞争心理，还能有效激发参与者的集体荣誉感，增强民族群体人际关系的融洽性，进而有效增强民族群体的向心力和凝聚力。将民族传统体育教学引入高校体育教学中，能有效增强高校学生的爱国主义精神和集体荣誉感。高校学生具备的知识结构呈现出较强的合理性，且认识能力相对较强。在对民族传统体育教学项目进行学习的过程中，高校学生能快速接受并深入理解民族传统文化内涵，并掌握相关体育技能，能在潜移默化中引导高校学生认同民族文化，并激发高校学生的民族情感。

民族传统体育蕴含着民族精神的价值内核，而民族精神的核心，正是爱国主义精神。因此，民族传统体育教学能有效强化爱国主义精神教育，有效增强高校学生的爱国主义情感。另外，民族传统体育深受传统伦理道德和思想文化的影响，有助于规范大学生的道德品质和日常行为。

（二）增强学生的意志品质和心理素质

民族传统体育教学能有效增强高校学生的意志品质，并增强高校学生的心理素质，使高校学生具备适应各类复杂环境的能力。民族传统体育包含诸多集体项目，诸如赛龙舟、舞狮子、武术表演等，此类集体项目在学习训练过程中，需加强高校学生的相互沟通和协作配合。在合作学习过程中，有效增强高校学生的合作精神和人际交往能力，并培养高校学生的创新精神和意志品质。当前，高校学生面临的就业形势日益严峻。为促进高校学生的良好就业，有必要增强高校学生的勇气、胆量等意志品质。民族传统体育宣扬武德精神，要求摒弃疑虑困惑，无所畏惧，勇往直前，鼓励人们大胆采取行动。同时，武德精神要求人们恪守诚信，符合当前的核心价值观。因此，民族传统体育教师能增强高校学生的意志品质和心理素质，促进高校学生实现良好就业。

（三）增强学生的保健意识和身体素质

民族传统体育极为注重养生，通过调整身体姿势，锻炼呼吸方式，运用引导意念等方法对人体机能进行合理调节和有效增强，实现对人体潜力的充分激发，有效预防各类疾病，延年益寿。当前，高校学生普遍缺乏合理的生活作息方式，对日常生活质量造成了严重的不良影响。高校学生的不良生活习惯也比较多，诸如熬夜、夜餐、暴饮暴食等，极易对身体造成损伤，影响生命健康。因此，亟须引导高校学生恢复正常的生活作息方式，并摒弃各类不良生活习惯。民族传统体育教学，有助于引导高校学生树立良好的保健意识，并在潜移默化中增强高校学生的身体素质。民族传统体育蕴含了诸多保健思想，诸如"春捂秋冻"、"禁忌饮食"等。高校学生在学习民族传统体育的过程中，会逐步转变生活观念，并强化自身的保健意识。当前，高校民族体育教学普遍开设了太极拳教学课程，对于增强学生的身体素质具有重要作用。

（四）增强学生的节约意识

当前，我国高校普遍实施了扩招，在校学生数量日益增多。这就导致高校体育教学基础设施和相关器材难以有效满足学生需求。民族传统体育教学对活动场馆、教学器材的具体要求相对较低，各类传统武术项目，诸如太极拳、长拳等教学仅需一块面积较开阔的场地即可，无须专业的体育场馆。民族体育教学能引导学生有效强化体育锻炼，增强身体素质，而无须耗费较高的体育锻炼成本，能促进高校学生增强节约意识，避免养成浪费资源的习惯。

(五) 增强学生的体育文化素养和个人修养

民族传统体育蕴含了深厚的民族文化积淀和哲学思想以及价值观念，涉及历史、宗教、军事、文学、民俗、医学等诸多文化内容。在高校开设并推广民族传统体育各项教学工作，能实现对学生视野的有效开拓，并有助于增强他们在体育方面的文化素养。当前，社会竞争日趋激烈，生活节奏显著加快，高校学生承受着巨大的精神压力，且在不同程度上存在心理问题。民族传统体育不仅能有效锻炼高校学生的身体素质，还能有效增强高校学生的个人修养，缓解高校学生的心理压力，消除各类心理问题。民族传统体育中的传统武术有助于修身养性，还具备良好的医疗保健效果。以太极拳为例，太极拳能实现对身心状态的有效调理，并有助于祛除病患和延年益寿，在长期练习的过程中，还有助于增强练习者的个人修养。太极拳蕴含着深刻的道家精神理念，注重冲虚养生，能实现对心理状态的有效调整和对精神情绪的有效控制，有助于增强心理卫生。同时，太极拳强调清心寡欲，有助于练习者集中精神，摒除杂念，有助于增强心理健康。因此，民族传统体育教学能有效陶冶高校学生的情操，引导高校学生的道德观念，并增强高校学生的个人修养。

二、高校加强民族传统体育教学的措施

(一) 对民族传统体育项目进行深入挖掘

高校加强民族传统体育教学，要深入挖掘民族传统体育项目。首先，要全面认识并系统掌握民族传统体育包含的各类体育项目，深入探究并有效挖掘民族体育项目蕴含的文化内涵，择优选择适用于高校体育教学的民族传统体育项目，增设相关教学课程。同时，高校要深入考察自身的体育教学实际状况，对民族传统体育教学课程进行科学设置和合理安排，充分展示民族传统体育项目具备的民族特色和文化内涵。

(二) 准确把握相关教学项目

高校要准确把握相关教学项目，通过多样化的竞技途径，对民族传统体育的独特魅力进行彰显。民族传统体育项目虽然不同于现代各类竞技性体育项目，但其同样具备较强的竞技性特征。在民族传统体育教学过程中，要准确把握民族传统体育教学项目的竞技性特点，采取多样化的途径开展竞技活动，培养高校学生的体育竞技精神，实现对自我的超越。在竞技过程中有效加深高校学生对民族传统体育的理解和喜爱，推动民族传统体育教学水平实现大幅度提高。

（三）强化民族传统体育教师队伍建设

高校要强化民族传统体育教师队伍建设，构建一支教学经验丰富和综合素质较强的教师队伍，为教学提供师资力量的强有力保障。高校要对专业的体育人才进行大量招聘，有效充实高校体育教师队伍，同时，要加强对高校体育教师队伍的民族传统体育教学培训，引导高校体育教师深入了解并熟练掌握民族传统体育教学技能。

综上所述，民族传统体育蕴含了深厚的民族文化积淀。当前，我国高校体育教学普遍将民族传统体育作为重要的教学内容。高校开展民族传统体育教学能丰富体育教学的具体内容，并提高教学趣味，能引导学生转变学习态度，积极投入体育学习训练中，且有助于加强德育渗透。民族传统体育教学对高校学生具有至关重要的影响，能增强学生的爱国主义精神和集体荣誉感、增强学生的意志品质、增强学生的保健意识和身体素质、增强学生的节约意识、增强学生的体育文化素养和个人修养。高校要通过对民族传统体育项目进行深入挖掘、准确把握民族传统体育教学项目、强化民族传统体育教师队伍建设等措施加强民族传统体育教学。

第三节　网络化的少数民族传统体育教学

中华民族的传统体育项目起源于少数民族群众的生产方式、生活习惯和宗教祭祀等日常活动，同历史环境和军事战争密切相关。在中华民族悠久的发展历史中，各民族不断交往交流交融，少数民族传统体育项目经过几千年的沉淀，留存下来的少数民族传统体育项目趣味性、娱乐性都较强，还具有良好的强身健体功效。当前民族高校利用自身优势已发展形成了一批独具特色的民族特色课程，但这些课程多集中在文学、语言、生物医药等方面。2015年全国第十届少数民族运动会在鄂尔多斯举行，此届运动会共有竞赛项目17项，表演项目178项，由此可见，我国少数民族传统体育项目纷繁多样，百家争鸣。但目前还没有形成以某一项民族传统项目为主要授课内容的特色精品课程。近年来，少数民族传统体育文化同其他中华民族传统文化一样，也受到来自互联网的冲击，少数民族传统体育教学改革势在必行，受到师资、器材等因素制约，少数民族传统体育教学改革并不是非常顺利的。鉴于此，本节以互联网为出发点，创新少数民族传统体育教学改革举措，希望对少数民族传统体育教学质量提升有所帮助，促进民族体育传承与发展，更好地学习与传承少数民族传统文化。

一、立足少数民族传统体育特色，谈传统模式发展困境

（一）师资力量薄弱

在少数民族体育教学改革过程中，师资是限制其深入发展的主要因素。少数民族传统体育项目多具有较强的技巧性，其体育类活动目前已经被收纳到中华文化遗产中。作为少数民族传统体育课程的授课教师，不仅要掌握相应的运动技能，还要全面、深入体会运动背后蕴含的民族文化。技能学习是建立在文化传承基础上的，很多老师只对运动形式有一定的理解，却没有深度剖析运动技能背后承载的文化内涵，教学传承的只是运动技能，在此情况下，民族文化传承渐渐缺失。教师资源匮乏，且现阶段还没有培养民族传统体育教师的专门机构，这些都是阻碍民族体育教学改革的重要因素。

（二）体育器材不完善

借助相关器材，民族传统体育教学效果会明显提升。基于少数民族传统体育项目的特殊性，其体育器材由项目而定，器材种类较多且制作过程复杂，很多器材是就地取材，在其他地区学校开展民族传统体育教学时，器材很难到位，这对民族传统体育的改革和推广带来很大困难。与批量化生产的运动器材不同，少数民族传统体育具有明显的地域分隔特征，很多器材的制作方法并不外传，只能依靠当地的手工艺者自行制作，若想在学校大面积推广民族传统体育，运动器材供不应求，很多学校考虑到此因素，通常不会将民族传统体育引进学校。为解决器材缺失的困扰，必须加强各民族融合，让器材制作技艺得到传播，进而打开民族传统体育的改革之路。

（三）技能与文化发展不均衡

考虑到运动技能的特殊性，国家要求学校在传授运动技能的同时，要不断渗透民族传统文化，这一双重要求让学校教学一度陷入困境。很多学校已经开展很长一段时间的民族传统体育教学，但并未制订系统的教学方案，教师只能根据自身经验拟定教学方式，并借助类似器材进行教学。由于未受过专业训练，教师对民族传统体育的运动形式也是一知半解，讲解过程不能向学生传达完整的技能要点，导致运动项目不能科学发展。文化传承在民族传统体育教学中更显艰难，一度出现重运动轻文化现象，璀璨的少数民族传统文化逐渐湮没在单调、枯燥的运动教学中，再加上民族传统体育运动项目种类多，目前民族传统体育教材不够完善，趣味性不足，技能和文化学习处于严重失衡状态。

（四）民族传统体育课程教学实践效果不佳

大学生在民族传统体育课程开始之前，往往没有深入了解。选修民族传统体育课

程或希望能够代表学院、学校参加比赛，或出于好奇，对民族传统体育项目比较感兴趣，但并不是真正的喜爱。很多学生在还没有完成基本动作的学习前就对其失去了兴趣，结果就是他们对所学的民族传统体育项目"一知半解"，课堂气氛沉闷，自我练习时间只有少数学生能够按照教师要求进行活动，教学实践效果较教学目标有一定的差距。

二、总结少数民族传统体育教学发展现状，探析网络化时代特点

（一）少数民族传统体育教学现状

在少数民族传统体育发展遇到各种问题后，从事少数民族传统体育研究的学者、教师和开设民族传统体育课程的高校都在积极制定应对策略。

首先，加快专业人才的培养进度，尤其是体育类院校每年都增设不同的民族运动项目，且在培养学生运动技能的同时，向其灌输相应的少数民族传统文化，使其全面了解民族运动的起源、发展过程，为其走上教育岗位奠定坚实的技能和文化基础。对于在岗教师，各学校组织其进行定期培训，若条件允许还会派遣教师到少数民族地区、少数民族传统体育运动会观摩学习，在熟悉少数民族生活习性后，教师能得到很多教学感悟，进而更好地完成教学任务。

其次，针对各地区少数民族传统体育教材差异较大问题，各高校全面搜集各民族运动项目，自行编写教材，不断完善自身教材，有的高校将现代化体育和少数民族传统体育相结合，取得了意想不到的教学效果。

最后，很多学校与器材制作公司签订订购协议，将样品交给制作公司批量订购器材，有效缓解器材短缺问题，很多资金不充足的中小型学校，教师充分发挥动手能力，手工制作相应器材。此外，随着文化自信的提升，越来越多的人开始关注民族传统体育，国家和地方的相应政策也都会向民族传统体育项目倾斜，民族传统体育目前的改革势头良好，但改革还处于起步阶段，教学过程中很多复杂性问题亟待解决。

（二）探析网络化时代特点

以互联网为载体，实现信息的快速传播，是当今社会的主要特点。受众获取信息的途径较多，其中手机和电脑是最常见的互联网终端应用，用户可搜索自己所需的视频、图片等素材。网络化突破了传统教学模式受时间、空间的限制，只要是网络覆盖到的地方，用户就能实时接收时政消息，学生就可以在线学习。线上交流是互联网最为显著的特点，不同地区的用户可在同一平台上进行信息共享交流，信息的真实程度

得到保证，且线上交流形式多样，受众不易产生视觉疲劳，少数民族传统体育逐渐被广大群众熟知，少数民族传统体育教学改革可借助网络载体，整合各类教学资源，从而提升改革进度。

三、基于网络化平台，加快少数民族传统体育教学改革

（一）依据地区民族特色，创新课程设置

各地区可依据本民族项目特色，在课程设置上加以丰富。例如在单一项目民族传统体育课程中，加入本民族的其他游戏类项目，也可根据季节变化，对民族传统体育课程模式进行变换。以大连民族大学少数民族传统体育蹴球课程为例，一学年的蹴球课程划分为两部分，第一学期学习蹴球，在此基础上，第二学期进入冬季，学习冰蹴球。这也是全国高校中，率先将冰蹴鞠项目引入课堂的案例。

当代"冰蹴球"的设计思路，源于北方取暖封煤火炉的"盖火"。传说清高宗乾隆皇帝的四女儿和硕和嘉公主由于生下来后手指间有蹼相连，呈佛手状，被民间称为"佛手公主"。当四格格看到宫中姐妹在兴高采烈地玩"嘎拉哈"（耍羊拐），自己却因手有残疾而无法玩耍，终日闷闷不乐，乾隆见状便命内务府大臣海望设法让四格格开心起来。海望到民间察访，发现在冰上"踢盖火"游戏用脚不用手，于是在乾隆的恩准下将"踢盖火"引入皇宫。老北京的"冰蹴球"是具有浓郁北京历史特色的冰雪项目，2014年，冬奥申办新闻宣传部宣布将"冰蹴球"纳入申办冬奥会宣传计划，为2022北京冬奥会的表演项目。

通过这种课程设置的调整，校园内形成了玩蹴球、冰蹴球的潮流，教师也参与其中与学生一起游戏，不仅有利于学生身体素质、协调性的提高，也有利于促进各民族师生交往交流。

（二）构建空中课堂，进行远程授课

在互联网技术的支撑下，全国乃至全世界人民都能进行在线交流，时间、空间界限不复存在，将网络应用到少数民族传统体育教学改革中，是其发展的必然趋势。"空中课堂"是依附互联网诞生的教学新名词，即整合优质的教学资源，以PPT、视频等形式将民族传统体育课堂搬到网络中，平台将教学资源存储起来，只要连上网络，学生就能看到相应资源，从而达到学习目的。民族八省区在国家西部大开发、"一带一路"等战略的支持下，一改贫穷落后面貌，经济建设速度明显加快，为网络化教学的普及打下基础。

抢花炮是典型的少数民族传统体育项目，是侗族的代表性体育项目，抢花炮目前

已经纳入当地民族体育教材中。该项目以团体比赛为主，因此体育教学期间，教师可向学生播放抢花炮比赛视频：首先准备花炮，将火药、铁环放在铁筒中，彩绳缠绕在环上，比赛场地直径最小为100米，找到场地中心点将花炮放好。通常参赛者分成两组，共20人左右，两组人员分列场地两旁，当花炮点燃铁环冲向空中时，两组参赛者争夺铁环，抢到铁环且到达主席台的组员获得胜利。

这一体育项目比较简单，但规则叙述起来比较麻烦，通过空中课堂资源，学生既能明确比赛规则，又能观看完整比赛，从而感受到参赛者的热情。教师还可在网络上搜集抢花炮运动的由来，将其中蕴含的少数民族传统文化向学生详细讲解。在经济条件允许的情况下，学校可联网其他高校进行网络在线授课，学生和高校老师在线互动，远程授课同样以文化和运动相结合的形式进行，通过远程授课给师生带来的启发是不同的，教师对比其他学校教学方式，能总结自身不足，从而改进自身教学缺陷，学生接收远程授课，其眼界得到扩展，对运动项目的文化内涵有更深层次的了解。

网络化教学平台的构建，能弥补偏远民族地区教学资源缺失现状，在一定程度上也能辅助教师完善教学内容，改善传统教学只注重运动形式，而轻视运动文化的现状。此外，学生还可根据自身运动需求，在网上自主搜索材料，从而不断拓展自身兴趣爱好。

（三）将多媒体引进到少数民族传统体育教学中

少数民族传统体育项目多为本族人民在长期劳作过程中演变传承下来的，旨在提升运动者的身体素质，很多项目都需要在户外进行教学，一些学校受场地、资金等限制，民族传统体育教学困难重重。为解决这一问题，可将多媒体引入民族传统体育课堂，适当增加理论课课时，多让学生观看运动竞技的图片、背景介绍，在民族传统文化的长期熏陶下，学生自然能深刻体会民族传统体育的文化内涵。例如"打布鲁"，此项运动是蒙古族发明的，在社会的早期发展过程中，"布鲁"指的是重量较大的金属片，将其绑在镰刀形状的木头上，金属片都是扁平形状，人们利用"布鲁"能够猎杀飞禽走兽，随着社会的发展，人们发现打"布鲁"能够锻炼出强健体魄，因此将该项运动流传至今。此项运动对器材的要求较低，学校开展起来比较方便，"布鲁"与现代运动中的铅球、铁饼相似，教师可将两者结合起来教学，让学生浏览布鲁图片，并利用媒体动画向学生讲述该项运动的演变过程，实际运动可用铁饼代替"布鲁"，解决器材问题的同时，让学生身体得到锻炼。

在多媒体的辅助下，教师可将民族传统体育项目的虚拟运动模型制作出来，在视觉上给学生以冲击。如手打毽子，其底座材料是竹子，长度为两寸，将鸡毛插在底座上就完成毽子的制作，此项目运动器材也比较简单，可由学生自己制作。与乒乓球拍不同，打毽子的拍子为方形，此运动深受苗族青年的喜爱，某校由于场地限制，将多媒体和虚拟 4D 模型结合到一起，学生只需带上相应设备，就能与计算机中的虚拟人物进行对打，场地问题得到解决，学生身体素质也得到提升。

（四）创建互联网互助平台

在网络兴起之前，很多少数民族的优秀传统体育运动项目只在本民族内传播，各民族间交流很少，几乎处于封闭状态。这一状态在网络通信的冲击下被打破，各民族间的交流更加频繁，因此民族传统体育改革可借助通讯优势，利用互联网将各族人民紧密联系到一起，全国高校可一同组建面向大众的互助平台，各民族互帮互助，不断加快民族传统体育课程改革进度。

全国师生在平台上的交流依靠计算机等终端设备实现，网站聘请经验丰富的老师完成答疑、交流工作，老师、学生都可在平台上寻求帮助。互助平台还要建立完善的数据库，将各民族体育项目资料都收录到网站中，方便用户随时查阅，网站还可收录优秀教师的教学视频，让全国教师学习借鉴。平台的主要作用是传递信息，实现教学资源的合理配置，很多偏远地区的民族传统体育发展缓慢，借助先进的信息传输技术，资源匮乏地区能迅速吸收外部优秀资源，整合优秀资源到民族传统体育教学中，从而提升教育质量。

各地区可创建独立的软件载体，并搭建软件、网站交互式平台，不断充实平台内容。"打陀螺"是民族体育教材中收录的一项运动，打陀螺需要一定技巧，学习者未掌握技巧就很难驾驭这一运动。在学习技能时若遇到困难，用户可在平台上求助运动技巧，或者直接检索运动视频，在线导师指导学习者掌握此项技能，检索过程用户自然会浏览到陀螺的发展历程，从而实现对运动项目的深入理解。此外，互助平台还能促进地区间的线下交流，很多少数民族传统体育项目的器材比较特殊，很难进行批量化生产，学校可在平台上发布求助，在线上购买或者借用体育器材，利用线下物流实现器材转运，在发达的互联网帮助下，各地区教学资源实现共享，各类资源合理分配，这种线上线下相结合的方式，加强了各民族间的相互交流，同时帮助资源匮乏学校快速完成民族传统体育教学改革，各地区实现均衡发展。

少数民族传统体育项目异彩纷呈，对少数民族传统民族体育教学进行改革，将其与现代体育融合，对加强各民族交流，较好地实现少数民族传统文化传承具有重要的作用。现阶段我国少数民族传统体育教学正在逐步完善，但实际教学中仍有很多不足，少数民族传统体育教学改革之路还很漫长，充分利用互联网优势，大力推广少数民族传统体育项目，利用空中授课模式，是教学改革的有效途径。

第四节　学校民族传统体育教学内容

一、民族传统体育教学内容选择的方法

（一）改造已有的内容

对旧版的民族传统体育教材进行探究，发现其中存在着一些可用于新民族传统体育教学内容的组织。例如，旧版的民族传统体育教材中，朝鲜族的"荡秋千"项目只是朝鲜族在民俗活动中的一种娱乐性体育项目。随着民族传统体育项目的挖掘与整理以及民族传统体育赛事的发展，荡秋千已经成为当今民族传统体育赛事中的一项竞技性体育项目。基于此，竞技化的荡秋千可以作为新的民族传统体育教学内容。

（二）从生活实际中选择

运动项目源于人民的生产活动，发展于生产活动的整个过程。教学内容越是贴近学生的生活实际，学生学习时的兴趣、自信心与安全感就越强。基于此，学校，尤其是少数民族地区的学校的民族传统体育教学内容一定要多编入当地的体育项目，如划龙舟、放风筝、滚铁环、抽陀螺、摔跤、骑马叼羊、射弩、抢花炮、跳竹竿舞等。这些充满生活气息的民族传统体育项目能够极大地提升学生学习的积极性与主动性。

（三）从学生兴趣入手选择

兴趣是最好的老师。在民族传统体育教学中，根据学生的年龄特征和训练课的教学内容需要安排适宜的运动项目，不仅能提高学生的学习积极性和参与性，更能达到教学目标和锻炼效果。例如，毽球作为教学内容深受学生喜欢，可在课堂教学前，安排学生踢毽球来达到热身、腿部肌肉拉伸和下肢关节充分活动的目的。

（四）从民族传统体育课外读物中寻找教学内容

体育教育的目标促进学生身心健康发展，而民族传统体育对促进学生身心健康发展具有重要作用。新课标实施以来，有些体育教师认为新课标体育教材中不能存在民族传统体育内容，有也只能作为娱乐休闲内容，这是一种误解。就目前来看，市场上有很多民族传统体育课外读物，这些课外读物也是以民族文化和精髓来编纂，具有民族性和认知性。体育教师完全可以对这些读物进行精心筛选，然后围绕教学目标来合理构建民族传统体育教学内容。

（五）从影视娱乐节目中寻找教学内容

当前，我国影视娱乐节目发展迅速，其中很多竞技类、民俗类、旅游类的节目对宣传、推广民族传统体育起到了很大的作用。在此背景下，体育教师应当在教学中积极地对具有民族传统文化影视娱乐节目中的可吸取内容进行借鉴。学生在影视娱乐节目中了解到这些民族传统体育，因此，他们课堂学习中的积极性和参与性会变得更高，因而会大大提升教学效率。

（六）从民族节日中寻找教学内容

我国是多民族国家，每个民族都有自己的传统节日。各族人民会通过一些传统体育活动来庆祝节日。体育教师可以把这些民族传统体育引进课堂，通过多媒体向学生展示各民族独特的节日活动，向学生介绍这些节日中出现的民族传统体育项目的民族文化和体育精神，以丰富体育教学内容。

二、民族传统体育教学内容的重要载体——民族传统体育教材

（一）编写建议

注重教材的民族性民族传统体育教材的民族意蕴主要体现在 2 个方面：一是强调教材内容来自我国各民族原汁原味的传统体育项目，根据不同民族传统体育项目的起源、发展、文化内涵将知识点模块化。二是强调民族解读，即在教材中安排大量需要学生解读的内容，并细化为学习模块乃至具体的教学活动，借助多媒体让学生全面地了解与掌握民族传统体育相关知识。

突出教材的实用性民族传统体育教材要顺应我国体育事业的发展趋势，以满足学生未来发展要求为目的。首先，民族传统体育教材应将基础知识与运动技能作为教材重点内容，围绕"学练民族传统体育促进身心健康发展"来展开，依照学生的身心发展状况来设计教学步骤。其次，民族传统体育教材要考虑学生的长远发展，能够培养与发展学生的终身体育意识，为学生养成良好的运动习惯做铺垫。

具有浓厚的地域性民族传统体育教材应强调发挥民族传统体育的地域特色。中国地大物博、人口众多，且有着五千年的文明历史，各民族的传统体育项目有着鲜明的地域特征。无论是赛马、摔跤，还是滚铁环、抽陀螺、荡秋千等，都与各民族地理位置有很大的关系。通过教学，学生不仅了解民族传统体育知识与运动技能，而且能够掌握各民族所在地的地理位置、气候条件等，丰富他们的地理知识。

体现一定的趣味性民族传统体育根植于各民族人民生产、生活与娱乐中，这些丰富多彩的活动使民族体育带有较强的趣味性。从这个角度来讲，民族传统体育教材编

写机构应在编写教材时注重从各民族人民生活、生产与娱乐出发，在阐述民族传统体育基础知识与运动技能的同时，要注重体现趣味性。

善于用案例充实内容民族传统体育教材在阐述基础理论知识与运动技能的同时，要有针对性地加入诸多短小的、具有典型意义的案例，用案例营造良好的教学背景。丰富的案例有助于拓展学生的视野，使学生能够真切地掌握更多的民族传统体育知识与技能。另外，在案例的编写中还应特意留下一定的分析空间，以便让学生能够利用所学知识点做出弹性的分析，进而有效提升他们应对、解决实际问题的能力。

（二）编写规则

民族传统体育教材的编写应该发挥教师教学的创造性，且适合学生身心发展的特点。根据我国目前民族传统体育教学实际，本节认为民族传统体育教材编写机构在编写教材时应当坚持以下几个基本原则。

基础性与发展性统一原则民族传统体育教材既要从学生的生理、心理发展需要和实际水平出发，从基础层面让绝大多数学生经过努力能够掌握民族传统体育知识与运动技能，也要切实体现我国体育事业发展对民族传统体育人才的基本要求，着眼于激发学生在民族传统体育方面的发展，如理论研究能力发展、运动技能发展。

学科性与人文性统一原则民族传统体育教学虽然是以传授民族传统体育理论知识与运动技能为主要任务，但其人文性不容忽视。其实，任何学科的宗旨都是帮助学生确立正确的人生观、价值观、世界观，以促进他们的个性发展和人格完善。

多样性与综合性统一原则这里的多样性与综合性是指民族传统体育教材内容的多样性。它主要体现在：不仅要广泛介绍民族传统体育基础理论知识与运动技能，还要重视民族传统体育基础理论知识的拓展；不仅重视民族传统体育基础理论知识运动技能的各种实践活动，还要配置和开发多媒体教学课件。民族传统体育教材内容的综合性体现在：不仅充分发掘各民族传统体育课的教育功能，还要探究它与其他专业，如历史、美术、舞蹈、心理学的综合发展。

创造性与层次性统一原则创造性是民族传统体育教材编写所追求的核心。它既要启发体育教师教学的创造性，更要发挥学生学习的创造力。无论是民族传统体育教材的整体结构，还是重点、难点划分，或是每个知识点作业的布置，都应当贯彻创新精神。另外，民族传统体育教材的编写要贯彻"因材施教"原则，按照学生的不同学习能力，编写相对应适合的内容，进而为每位学生设置各自发展的空间，使他们最大限度地发挥出自己的潜能与创造性。

经典性与实用性统一原则民族传统体育教材的编写要有代表性、典型性和科学性，能够顺应新时代我国体育事业的发展趋势，不能过于守旧，也不能过于超前，力求恰到好处。另外，教材的编写要从学生的实际生活出发，不能违背学生的主体意愿，引导学生把所学到的知识与社会实践联系起来。

体验性与探究性统一原则民族传统体育教材的编写要紧密结合学生的生活经验。只有让学生在学习中体验到生活的乐趣，感受到民族传统体育理论知识以及技能与生活之间的联系，学习活动才会变得愉快而有趣。因此，民族传统体育教材的编写要高度重视学生的体验与感受，而且以此为切入点，引导学生产生疑问，形成好奇心，从而提高学生学习的积极性与主动性。

（三）编写标准

基础的选用标准作为学生获取民族传统体育理论知识与运动技能的资源和学习的工具，民族传统体育教材应以促进学生身心健康全面发展为出发点。基础的选用注重：维度宽广，贴合教学实际，具有指导意义，编制水平较高和组织表达方式符合客观规律。

教材内容选用标准：新的教材观。从课程论的角度看，民族传统体育教材是民族传统体育课程内容的重要载体。具体而言，要编写出具有这类教材，需要做到：第一，必须树立新的"教材时代"观，把教材视为引导学生认知发展、生活学习、人格构建的一种范例。第二，必须树立"教材系列"观。民族传统体育教材有着各式各样的呈现方式，有教科书教材、视听教材、现实教材、电子教材等。新教科书的特点。为了更好地满族民族传统体育教学需求，教材编写者应当编写专门的民族传统体育教材。第一，以多样化的编排方式打破以往单课编排的方式。民族传统体育应呈现出单课、主题单元或单课与主题单元相结合等多种编排方式，结构比较灵活、合理。第二，精选与学生生活密切相关的内容，改变传统体育教材忽视学生学习兴趣和生活经验的状况。第三，在呈现民族传统体育理论知识和运动技能的同时，展现民族传统体育教学的过程与方法，改变传统体育教材仅仅注重专业理论知识与运动技能的状况，注重增强学生学习的态度与动机，注重增强学生的运动能力与创造能力。第四，增设案例教学内容。民族传统体育中应增加反映各民族地域特点、人文特点的专业内容，引发学生探究各民族的体育文化与个人发展、社会经济发展的密切关系。第五，导入体质健康促进内容。民族传统体育教材中导入了体质健康促进内容，体现出民族传统体育教学切实促进学生身心健康发展的目的，突出民族传统体育的教学目标。第六，重视体例、版式的设计，改变传统民族传统体育教科书不够生动活泼的呈现方式。

三、民族传统体育教学的具体内容

（一）民族传统体育基础理论知识

学术界在对"民族传统体育"定义进行阐释时，可以总结出"民族传统体育"指的是：包括汉民族在内的中国各民族在长期的历史发展过程中逐渐形成、继承和延续的富有民族文化色彩和特征的体育活动。同时，由于我国的民族传统体育大部分产生于自然经济时代，它们赖以生存和发展的广大农村地区和少数民族地区的经济、科学、文化相对比较落后，很多体育活动仍然没有摆脱其原生形态或次生形态的特质，仍然带有浓郁的地方色彩，与杂技、舞蹈、民俗活动和宗教活动浑然一体。

民族传统体育的表现形式是丰富多样的，它涉及体育与人、社会、民族文化以及自然环境之间种种千丝万缕的联系，是一门既包含社会科学知识又包含自然科学知识，涉及多学科知识领域的综合性学科知识体系。

（二）民族传统体育运动实践

民族传统的体育教材项目包括：技击壮力类民族传统体育运动，如武术、摔跤、射术等；娱乐休闲类民族传统体育运动，如赛马、斗牛、斗鸡、镖牛、球戏、舞戏、棋戏、荡秋千等；养生健身类民族传统体育运动，如踢毽、健舞、球舞、大型民族健身舞等。民族传统体育项目内容繁多，特点各异。体育教师应从本地、本学校的实际情况出发，筛选出一些传统教材，要因地制宜地将一些比较容易开展、学生又喜欢的项目引入体育课堂。在教学实践中，体育教师要注重学生的品德教育，激发学生自强不息的精神培，培养学生厚德载物的品质；注重传授传统体育中体现的中华文化内涵，使学生了解民族体育文化，树立民族自豪感，努力使民族体育课程真正成为传承优秀文化传统的载体。

民族传统体育教学内容创新与民族传统文化的保护和传承息息相关。学校体育教育是实现传统文化传承的重要方式，也是实现体育强国梦的重要路径之一。从时代性、全面性和文化的传承性出发，激发学生的兴趣爱好和参与性，夯实民族传统体育项目的文化基础，突出竞技性和文化传承性等方面进行教学内容创新，是民族传统体育发展和传承的必然需求。

第六章 民族传统体育教学方法

第一节 文化传承下民族传统体育教学

经济全球化时代的来临,不仅加剧了世界各国经济交流,同时也加剧了不同国家地区的精神文化碰撞,为更好的应对西方文化价值观念入侵,必然需要我们加强传统文化教育。民族传统体育中蕴含着丰富的传统体育文化,同时也是我国传统文化的重要组成部分,大学作为民族传统体育文化传承重要阵地,应通过传统体育教学,加强传统体育文化的传承,有助于增强大学生的民族认同感,提升民族自信,也更加有利于我国悠久的传统文化传承发展。

一、大学民族传统体育教学内涵

民族传统体育是简单来说是指具有丰富的历史文化底蕴,承载中华民族共同审美情趣,且具有浓厚民族传统特色的体育活动,这些体育活动集养生、健身、娱乐等功能为一体,并且内容比较丰富,比较经典的有传统武术、龙舟、舞狮等,而对于大学民族体育教学而言,其不仅应是对传统体育技术的简单的教学传授,同时也应肩负着文化传承的神圣职责,通过在大学民族体育教学中展现传统文化内涵,从而让当代大学生更加直观地领略到我国传统文化特有的美感,有助于增强大学生的民族认同感,提升民族自信,也更加有利于我国悠久的传统文化传承。并且对于大学民族体育教学来说,文化传承本身便是重要的教学目标,学生也只有在充分了解大民民族体育蕴含的深厚历史文化的底蕴基础之上,才能够更好地实现传统民族体育技能的掌握,有效提升大学民族体育教学效果。大学民族体育教学也应将民族体育文化内涵与体育技术动作结合在一起,从而有效实现民族传统体育形神统一的传承。

从当下大学民族体育教学开展状况来看,尽管很多高校均认识到了民族传统体育教学的重要性,并在体育教学计划安排了一些民族传统体育教学项目,但从实际开展效果来看,结果并不尽如人意,主要表现为以下几方面问题,一是在民族体育教学指导思想方面，教师并没有意识到传统民族体育的特殊性，教学指导思想与其他体育项目基本一致，没有体现出传统文化特色，没有有意识的展开文化传承，在民族体育教学内容方面，内容比较单一，主要以太极拳、武术长拳等常规传统民族体育为主，没有结合地方传统文化特色，实现民族体育教学内容开展；在教学方法上，教学手段比较单一，在实际教学时，受传统体育教学思想影响较为严重，普遍存重体育技能练习，轻体育文化理论内涵的教学，更不必提传统体育文化的传承，教授方式按部就班，一般是教师进行动作示范，学生被动进行模仿练习，难以彰显学生主体地位。在教学模式方面，仍沿袭传统体育教学模式缺乏创新，无法有效彰显民族传统体育课程特色，课程安排单调统一，学生学习积极性不高，体育课堂气氛不够活跃。在最终话教学评价方面，主要以学生技术动作是否标准规范为准，致使教学评价效果有失公允，难以客观全面的展示学生的学习状况，这对于一些先天体质较弱的学生也不够公平。

二、基于文化传承角度的大学民族传统体育教学策略

（一）树立以文化传承为目的的教学理念

大学体育教学在进行民族传统体育教学时，首先应从心理层面上认识到民族传统体育的本质即是一种以体育活动为载体的文化现象，体育传统文化的传承是体育技术动作的传统的基础，基础不牢，大厦将倾，只有让学生先深刻理解认识到蕴藏在民族体育动作背后的深刻文化内涵，才能够实现对体育动作的深刻掌握。总的来说，民族传统体育与一般体育项目不同，其本身有着悠久丰富的文化内涵，因此需要从文化传承的眼光来看待民族体育教学，树立以文化传承为目的的教学理念，在实际教学时，不能够仅局限于体育技术的掌握，还应加强传统体育文化的学习，让学生深刻认识到传统体育文化内涵与民族体育精神内涵，从而更好地推动传统民族体育的传承与发展。例如在进行八卦掌教学时，应让学生认识到，八卦掌法取自易经"八卦成而易立乎其中"，主要根据人体内部生理结构与器官组织原理，"拟其形态，像其物宜"，而形成的一种拳法，它的施展过程模拟了宇宙天体运行规律，采用循环走动步法吗配合身型、腿型、手型，行功有公、自转之分，所谓公转即是围绕大圆施展步伐，自转即是自身也在宁绕旋转，促使人气血加速运行，更有助于人身心发展，集中反映了先人朴素的宇宙观和养生观，本身有着非常丰富的文化内涵，若教师没有向学生普及拳法之中的内涵，直接采取体操式教学方法，既不利于教学质量提升，同时也对体育传统文化传承带来严重的影响。

（二）注重凸显大学民族体育教学特色

大学民族体育项目相对于一般都体育项目更加注重文化的传承，因此在实际开展大学民族体育教学时，应注重凸显这一教学特色，更好的实现传统体育文化的传承。从当下高校开展的民族体育课程来看，主要分为四大类，一是比较注重技击性的武术类民族体育项目，例如太极拳、八卦掌、长拳等；二是比较注重养生类的民族体育项目，例如五禽戏、八段锦等，三是民俗娱乐类的民族体育项目，例如舞狮、踢毽子、舞龙等。四是少数民族的体育项目，例如木球、博克等。不同类别民族体育项目均各有特色，全面展现了我国传统体育文化的丰富性。因此在实际开展教学时，需要教师针对不同类别的民族体育项目，选择相应的教学方式，从而更好地凸显大学民族体育教学特色，有效实现民族体育文化的传承。例如在进行武术课程教学时，教师应讲解武术本后蕴含的哲理、文化知识，加强武德教育，让学生意识到"习武先习德"重要性，能够做好"尊师重道"，从而实现其优秀的心理素质能力与道德水平培养。比如教师在进行太极拳教学时，可以向学生普及"以柔克刚"、"四两拨千斤"哲理，从而对于学生人生观、价值观产生较为积极的影响，引导学生学习太极拳蕴含的传统文化精神，同时还可以普及太极拳"天人合一"、"以静制动"的理念，教会学生如何调节心理压力，在这个快速发展的互联网时代下放松心态，以更加沉稳乐观的姿态来面对来自生活中的种种挑战，既实现了传统文化的传承，同时也让学生在其中受益匪浅。在进行养生类体育课程教学时，教师可以向学生普及我国历来已久的养生文化，在饮食方面有"食不厌精，脍不厌细"；在修心方面有"知者乐，仁者寿"；在日常起居方面有"近女室，疾如蛊"等，在民俗体育类与少数民族体育类课程教学方面，由于这种民族体育有着显著的地域特色，代表着我国不同历史阶段的政治、经济以及民情风俗等形态，本身又有着浓厚的娱乐色彩，因此在实际开展教学过程中，教师可以结合实际，进行穿插教学，在具体实施上，可以以此举办一个集体娱乐活动来进行，从而不仅能够更好的活跃课堂气氛，激发学生学习兴趣，还能够让学生们亲共同与其中，亲自感受到民俗体育活动的魅力，使其对民俗体育活动下的不同历史阶段，不同地域的人们所具备的精神面貌、文化特征以及风土人情有着更加深刻的认知了解，更好的实现民族传统体育文化的传承。

（三）建立一套科学合理的民族传统体育教学评价体系

随着高校体育教学不断深入改革，普通高校体育教学中《新纲要》的实施，在体育教学上树立了"健康第一"理念，从而有效扩展了高校体育教学评价范围，成功形成了一种"三大结合"评价体系，分别是显性评价结合隐性评价，理念评价结合实践评价，过程评价结合结果评价，这种评价体系整体更加科学合理。因此需要教师在高校民族体育教学评价上，充分借助这一评价体系，在实际评价时，将学生的日常表现、学习态度、进步幅度、出勤状况列为评价因素，有效凸显评价的主体性、客观性与科学性。除此之外，教师在实际开展教学评价时，还应将学生对民族体育文化知识掌握程度作为一项重要的评价标准，从而使得学生充分认识到民族体育文化学习的重要性，并有意识地在教师引导下，主动学习认知民族体育文化，真正实现民族体育文化的传承与发展。在具体评价上，可以通过采取学生自评，教师评价、学生互评相结合的方式，更进一步的提升评价效果。

综上所述，大学民族传统体育教学不仅关乎学生身体健康发展，同时民族传统体育背后蕴藏的深厚的传统文化对于学生价值观念树立也有着深刻的影响，需要教师在实际教学时，采取有效措施，注重民族体育文化的传承与发扬，从而有效提升学生民族认同感与自信心，促进学生未来实现全面的发展。

第二节 人文视野下民族传统体育教学

在全球化的冲击下，世界连成了一个整体，软实力也开始成为衡量一个国家是否兴盛的决定力量，在面对西方文化的冲击和本国文化的生存环境双重压力下，人们对民族传统体育的关注逐渐减弱，对民族传统体育的合理内涵和价值渐渐迷失了方向。各大高校是弘扬民族传统体育、传承文化的重要基地，教育界学者也开始投入相关研究，从人文视角深入探讨高校民族传统体育的教学模式。

一、人文视野下高校民族传统体育教学模式面临的问题

首先，人们对民族传统体育的误解造成的偏差已经深入人心。各大高校开展体育课程的目标是督促学生注重身体锻炼，以提高个人的身体素质，但就目前而言，民族传统体育还只是专注于技术水平上的提升，忽视了民族传统体育的合理内涵以及它所具有的文化价值。众所周知，民族传统体育以其特有的底蕴，并深入贯彻体育精神和体育价值，修养身心，但由于目前对民族传统体育的认知尚浅，导致教学水平的停滞不前。

其次，民族传统体育的教学内容大众且单一，没有凸显其中的文化价值，缺乏相应的实践。西方的体育项目传入国内，导致人们忽视了民族传统体育项目和实际教学水平的差距。许多带有少数民族的体育项目和传统习俗并未引入到现在的体育课程当中，教师教学方式的单一使得学生对其的兴趣大大减少，并且学校的教学水平、师资力量没有紧跟时代的步伐，教师的职业素养和教学方式有待更新。

最后，忽视了文化的传承和教育。传承是对民族传统体育的挖掘，并选择适合的项目应用于各大高校，比如，武术项目、舞狮等。同时，民族传统体育只注重技术上的考量，并没有注意到文化教学上的推广，以高校武术教学为例，学校注重简单的招式教学，内容、招式没有随着时间去更新，只是浅于表面，教师反复教学，学生重复练习，而对于武术的起源、文化背景、价值和内涵等却并未被提起，学生对民族高校体育课程敷衍了事。民族传统体育是中华传统文化的一部分，同时也是重要的身份特征，是民族复兴的决定力量。

二、人文视野下高校民族传统体育教学效能模式的建构

面对当下民族高校体育目前所面临的问题，需要采取相应的解决措施，提高民族传统体育新活力，以便民族传统体育以积极向上的姿态继续发展。

第一，以传扬文化为教学目的，旨在推进民族高校体育的蓬勃发展。西方竞技体育与民族传统体育的博弈，主要体现在民族传统体育注重文化的教育方式，而西方则更多的是宣扬西方整体的实力和力量。高校民族传统体育教学的本质在于传承、发扬本民族的优秀文化，主张多元文化的发展。为了更好地传承民族传统体育和文化价值，需要从文化内涵出发，学习其中的技术和技艺。所以，教师在教学的过程中，要带有浓厚的人文主义精神，必须认识到传统体育项目是一种文化现象，旨在弘扬高尚的人文操守和优秀的民族精神。例如，各大高校开展的太极拳课程，在教学过程中，要让学生了解到"阴阳"、"天人合一"、"道"等哲学思想，从而进行有计划的教学，而不是简简单单学几招几式便结束了这门课程。在传统文化中注重人与自然的和谐，太极拳就是通关调节身体的穴位，打通任督二脉，以促进身体内部系统的有效运作。所以，民族传统体育业蕴含着科学的养生方法和一些自然科学的知识，所以作为以弘扬文化为教学目的的民族传统体育，具有不可替代的责任。

第二，重视多元文化教学，构建具有本民族文化特色的教学系统。首先，民族传统体育具有群众性和趣味性，所以不能过分强调其竞技特点，也不能进行标注化改造，因保留其特色之处；其次，因其民族传统体育的特色，在实际教学的过程中，忽视其文化内涵，会导致学生悄然无味，阻碍了民族传统体育的文化传承，所以，技术与文化并重的教学模式成为重点；最后，要做到实践性与特色化相结合，保留原生态与多样性，各大高校可根据本校的特色，按照课程的编排加入相应的项目，打造具有地方特色的、内容丰富的体育课程，从而推动民族传统体育的发展，弘扬优秀的体育文化精神。我国历史文化可追溯到上下五千年，纵观历史，我国体育项目具有高度的文化价值，并且内容各有千秋。例如，东北三省的滑雪，西北的摔跤，南方的赛龙舟，这

些各有特色的民族传统体育项目可以因材施教，高校根据自身的实际情况，制定相应的、完整的体育课程，弘扬民族传统体育，有助于提升学生对于本国文化的民族认同感和自豪感。比如，重庆高校将"巴渝舞"引进体育课程中，湖北高校将"陀螺"引进体育课堂中，打造属于本校的特色课程。

第三，改进文化教学方式，促进民族体育精神的广泛传播。教师注重特色教学是第一步，将多元教学方式与体育竞技精神结合起来是第二步。民族传统体育并不仅仅具备锻炼身体的作用，还具有欣赏性和文化性，所以高校在面临改进教学方式中，不能忽视其二者的关系。例如，在民族传统体育的教学中，在学习技术性的同时，要注重结合文化性，二者的紧密联系，可以发挥"1+1＞2"的作用。

第四，利用互联网，提高民族传统体育的影响力。民族传统体育相继的传承，其中必须注入时代的内核，在继承的基础上不断创新发展，各大高校可利用互联网，加强各学校之间的联系，对民族传统体育进行深入的研究和完善，以适应时代的发展。比如，以北京的高校为例，对跳球进行深入研究，研制出既定的游戏规则，完善这门竞技体育。互联网的高效性促进课程的合理优化，通过网络整合各种资源，作为传承民族体育精神的纽带。互联网不仅让国民深入认识和了解到本国的民族体育项目，也让世界了解到中国的优秀传统文化，同时，感受到了中国的力量。

三、人文视野下高校民族传统体育的教学方式

在面对注重特色化教学的传统体育，需要从以下方面入手，打造多元化与竞技性相结合的教学内容。

首先，需要注重文化教学的层次性。各大高校建校背景不同，所具备的地理位置也不同，高校可根据自己的地方特色以及本校的发展来设置相应的体育课程，教师通过改造这些课程，从而满足不同学生对体育课程的不同需求，并且可以辅助相应的课外活动加以实现。例如，武术课程注重技术性，但也可加入实战演练课，激发起学生对这门课程的兴趣。

其次，要发挥学生的主动性。单纯的模仿一招一式并不能满足学生的需求，只会产生莫名的抵触心理，这就需要教师的相应引导，充分调动学生的积极主动，并且可以让学生自己设置课程内容，以学带动教，提高整体的教学质量。同时，竞技性是不可忽视的，技术教学是教学模式的重点，从另一方面来说，技术性也是文化的一种，包括姿势和运动轨迹等，民族传统体育所具备的竞技精神可以带动学生更多地参与热情，但竞技性是与文化性不可分割的，文化是技术的目的，技术是文化的基础，二者缺一不可，相辅相成。

最后，建构新的教学评估体系。不仅仅要考察学生的综合表现，还需要考核学生的理论知识的掌握程度、平时的课堂表现分、考试所得实际分数等综合来评定学生的整体成绩，建立具有科学性、合理性、公平性、文化性的教学评估体系。

综上所述，人文视野下高校民族传统体育教学效能模式不能一蹴而就，必须考量教学模式和考察方式，加强理论学习，打造具有高校本身特色化教学特色，创新教学方法，鼓励学生的积极参与热情，弘扬具有中国特色文化的民族传统。这些都需要通过时间去证明，特殊的时期制定特色的课程，以推动民族传统体育的不断发展。

第三节 高校地域性民族传统体育教学

在《全国普通高等学校体育课程教学指导纲要》中明确要求："弘扬我国民族传统体育，提取世界优秀体育文化，展现时代性、发展性、民族性和中国特色。"纲要中对于高校区域民族体育教学有明确定位，并从指导思想、教学内容、教学方法和教学评价多个角度进行分析，这对于促进高校区域民族文化传承，提高民族传统体育教学效果，培养学生树立正确的价值观，增强自身素养与体育技能。既能为传统体育教学模式提供理论指导意义，更具有实践意义。

一、地域性民族传统体育教学模式现状

近年来，高校在一定程度上促进了区域性民族传统体育教学的开展，根据实际情况显示，目前教学模式应用现状主要是以体育技能为主，侧重于提升学生运动技术水平和身体素质。而且开设的传统体育教学内容也是以技术为主体。大部分的传统体育教学都以身体示范为主，很少结合文化背景、文化内涵以及文化传承等。因此高校学生明白文化传承的特殊性，让民族文化的延续必须从小开始，培养国民的文化传承思维。

基于文化传承下，高校地域性传统体育教学模式的开展要注重传统文化的作用性，不能够一味地采取抛弃，要取其精华，去其糟粕，才能够更好地发挥传统文化对体育教学的作用，使文化传承与体育教学创新共同发展。同时也要结合实际的案例对其进行分析，找到适合地域性民族传统体育教学模式的发展路径。比如：内蒙古体育学院采用一种"覆盖式"的体育教学，体育课程拥有摔跤、赛马、射箭等地域性民族传统体育项目。河南科技大学体育学院注重传统体育项目的学习，且课堂内容更加注重实

践。这种教学模式,学生更加容易接受,学习过程更加轻松愉快。而内蒙古体育学院突出"地域性",体育课程有很多地方性的体育项目,并且课堂内容对民族文化有一定的助推作用。这种教学模式不容易被外来学生所接受,学生对体育文化的理解不深,但是对地域性民族传统的传承起着重要作用。

二、高校地域性民族传统体育教学模式存在的问题

(一)教学内容单一,文化特征不鲜明

由高校体育教学与民族文化的结合现状可以看出,民族文化没有在体育课程中得到体现。高校的体育课堂中的文化传承教育仍旧不够普及。目前的高校体育课堂仍旧是以项目练习为主,体育锻炼为辅的课程设计,课堂内容依旧缺乏足够的文化传承课程,在体育课堂上学习民俗项目的高校极其罕见。即使在教育改革的大环境中,地域性民族传统文化依旧是在学校社团、兴趣部中开展,学校主要是组织对传统文化感兴趣的学生学习地方特色文化,例如,联系舞龙、舞狮、踩高跷等,报名人数在高校学生群体中只占极少一部分,民俗文化并没有因此传播开来。现有的体育课堂教学多涉及的项目与传统文化相结合的只有武术、散打等,内容与形式都比较单一,且课堂内容是以实践为主,体育教师主要负责讲解武术知识,帮助学生学会技巧,教学过程中并不涉及传统文化的宣传与延伸,文化内容被很大程度上削减,学生在学习武术的过程中,对中国武术的来源背景、传承与发展都知之甚少,具有民族特色的体育文化逐渐沦为一项单一的体育锻炼项目。且现有的体育课程的传统文化内容较为广泛,没有独特的地域文化特征,体育课堂中的武术教学没有详细的分派,没有结合地方特色去开展。

(二)体育教师侧重技术教学,忽略文化内涵

目前,我国各大高校的体育教师多半为体育专业的毕业生,体育课程的技巧教学与体能训练能力较强。但是,这一类教师对于体育运动中蕴含的民族文化知之甚少,对于体育运动作用的了解只限于强身健体的层面,对于体育运动文化的传播功效了解深度不足,缺少体育运动中的文化内容。以湖南为例,湖南每年端午节都会举办赛龙舟的比赛,但是高校体育教师对于龙舟的了解仅限于纪念屈原,对于龙舟设计背后蕴含的文化内容知之甚少。另外,现有的高校体育教师对中国传统文化中的体育项目认知程度不足,没有将舞龙、舞狮等项目与体育相结合。体育课程的文化缺失现象在我国高校的环境中较为普遍,这一现象只有在少部分地区有所改善,例如,蒙古族作为游牧民族,对骑马的热爱程度颇深,民众对骑马背后的文化内容了解程度较为普及。

因此，内蒙古的高校在体育教学过程中，会介绍相关的马术文化与内蒙古独有的蒙古包文化。但是，这一类教学在我国目前仍旧属于个别现象，高校体育教师的文化涵养相对滞后，不能承担文化传播的重任。

（三）高校体育教学评价体系不完善

当前，高校对于体育教学的文化宣传工作重视不足，体育教学中缺乏适合文化传播的"土壤"。现有高校中并没有针对体育教师的课程培训，体育教师本身的文化涵养不足。高校如果没有足够的文化课程培训，就会导致体育教师缺乏文化素养的情况愈发严重，文化传播者的文化素养不足，文化传承的纽带就会出现断裂现象，学生无法感受到体育运动中蕴含的文化气息，教育机制的缺乏却对文化传承形成掣肘。同时，现有高校的体育教学相对更加重视体育运动，强调在体育课堂中达到强身健体的功效，课程大纲的安排当中，缺少对于文化内容的传承计划。以武术教学为例，体育课程设计多半为模仿教师的武术动作，了解技术要点，如果不了解武术几千年来蕴藏的文化积淀，长时间的模仿就会显得极其枯燥，学生就会逐渐丧失学习的兴趣，更加会失去武术学习的动力，国粹的传承工作难以开展。另一方面，体育教学的评价指标也不够完善，现有高校的体育教学评价体系并不全面，往往只涉及教师与学生之间的互相评价，高校教师对于学生的了解程度并不够深入，体育教师一般对体能较强的几名学生印象较深。要想全面的了解学生的体育学习情况，还需要添加学生之间的互评以及学生的自我评价。

三、高校地域性民族传统体育教学模式的具体措施

（一）构建特色文化在体育课堂运用

根据现有的传统体育教学模式来看，整个教学内容比较单一，缺乏文化特征。想要问题得以解决，应该在传统体育教学过程中，构建特色文化体育课堂。加上各地区的民族文化项目都有着浓郁的地方性特征，高校作为文化传承的纽带，应当在课程规划时就制定相关的体育运动文化宣传。例如，在湖南湘江流域的学校可以组织学生在端午节参加划龙舟的竞赛，划龙舟是为了纪念屈原，其中包含着屈原对于楚国深沉而又炽烈的爱，湘江周边的高校都可以通过这项体育运动弘扬国民的爱国主义精神，同时让学生感受到团队协作的重要性，增进师生之间的感情。最重要的是，在体育运动中贯穿民族文化可以让学生切实地感受到民族文化氛围，增强高校学生的民族认同感。因此，改革后的体育课堂应当以培养高校学生的情操为主，通过体育锻炼了解文化内涵，明确文化传承的责任感，做到地域性文化的价值传播。具体做法可以参照我国的

武馆教学，武术学习之前，师傅都会先立武德，教会学生武术中蕴含的中国文化，中国武术的招式讲究以退为进，其中就蕴藏着古人教导后人应当学会谦卑的含义，每次比武之前都应当互相鞠躬，表示中华文化礼仪优先的道理。因此，高校的体育课堂首先应当开展更多的地域性民族文化项目，如太极拳、咏春拳等地方武术项目。在教学过程中，学习每一项招式之前都应当介绍其中蕴含的文化内容，做到文化课堂的贯彻落实。

（二）培养体育教师的民族文化情怀

"工欲善其事，必先利其器"。高校建设地域性民族文化课堂过程中，教师起着决定性的作用，教师对地域性民族文化的了解程度，直接关系到文化传承体育课堂的实际效果。我国大部分高校现有的体育教师缺乏对于民族文化的深层次认识，因此，高校需要进一步的培养具有民族情怀的体育教学人才。例如，河南科技大学可以组织学生向老一辈的艺术家学习高跷、排鼓、旱船等民俗项目。在学习后，针对老师的学习情况组织一组优秀的民俗文化体育小组，由这几位教师在高校开展全新的民俗文化课堂。一部分开展校级公共体育课，这一类课程主要是弘扬国家传统文化，例如学习武术、散打、舞龙、舞狮等国家传统项目；另一类则更多地涉及地域性文化特征，需要民俗文化小组中掌握程度较高的几位教师在学校开展选修课。选修课可以分为旱船课、高跷课、排鼓课，选修课的形式可以保障学生的学习兴趣，被迫学习反而会让学生对地域性文化有所厌倦，同时又能在体育课堂中弘扬地域性文化，让更多的学生了解洛阳地区的独有文化，明白地区之间因文化差异而产生的不同文化表象。

（三）同步完善现有的评价体系

我国高校现有的体育教师评价内容较为单一，高校现有的评价系统更多的只是关注学生的体育项目学习情况以及个人的体能。体育虽然与民族文化相结合，但是评价系统却没有同步改善，评价系统中缺乏对民族文化了解程度、民族情怀、个人喜好的评价，对于体育运动的文化内涵也没有相对量化的界定。因此，高校体育教学的评价系统应当随着教学内容的改革而实时更新。首先，因为体育教学中添加了更多的文化内涵，教学评价已经不是期末考试的分数能够涵盖在内的，评价系统需要增设学生自评与班级同学互评。例如，可以增设班长、体育委员对于学生在传统文化项目中的学习热情，掌握情况以及对项目蕴含的地域性文化的了解程度，除了评价打分还需要写出对每位学生学习情况的评语，评语内容必须涵盖学生在体育课程学习后对传统文化的了解程度，与课程开设之前的进步程度，以及学生在学习民族文化体育项目后，对传统文化的喜爱程度。这样可以保障评价内容足够全面，能够涵盖学生在体育学习中的全部特征，如果高校条件允许，可以请一些民间艺术的传承人走进校园，对每一位同学民族体育项目的掌握程度进行评分，在评价系统中增加这项专家视角的评价内容，对学生日后传承地域性民族传统文化也有更强的助益作用。

第四节 人文精神培育下的民族传统体育教学

目前，当代大学生人文精神缺失的问题已经引起教育界及社会各界人士的广泛关注，百年前梁启超先生的话声犹如在耳"少年强则国强"。大学生的精神素养和身体素质一样关乎着中国的发展和命运。进行体育教学不仅能提高大学生的身体素质，对其精神素养的培养和提升也具有独特的作用。民族传统体育教学是高校体育教学的一部分，我国重要的文化遗产，是我们中华民族传统文化的象征与体现，同时也是培养大学生人文精神的重要途径和手段。如何把高校民族传统体育教学和大学生人文精神的培育统一起来，使其相互促进、相得益彰是一个值得思考的问题。

一、高校体育教学中人文精神缺失的原因

我国高校体育教学中人文精神缺失的现状由来已久，其原因也较为复杂。新中国成立初期，出于特殊的历史原因，为了快速提高我国的政治地位，我们国家以发展竞技体育为主，竞技体育发展带有一定功利主义，这不可避免地影响了学校体育的发展。即学校体育教学中注重身体素质和技能技术的教育而忽视体育人文精神的培养。久而久之造成了我国高校体育教学中人文精神的缺失。主要体现在以下几个方面，首先是教学目标偏离正轨，以竞技性为主，把竞技放在首位，体育课堂中开设的大多是以竞技体育项目。盲目地将竞技体育作为大学生体育教学的重点，而忽视民族特色体育文化的教学，会导致大学生人文精神的缺失。也会将原本丰富的大学体育课堂变得枯燥。在这种风气的影响下，我国竞技体育也出现了不少问题。例如，部分运动员为了夺得奖牌以及国家的奖励，在赛前，过分使用兴奋剂，毁掉了自己大好前程，同时也使国家受到了屈辱。其实从这一方面我们就可以追溯到缺乏人文精神。其次，体育课教学内容单一片面。虽然近几年民族传统体育已经渐渐融入了高校体育教学，但居于次要地位。并且侧重对民族传统体育技能的传授，忽视民族传统体育的人文精神培育。比如武术教学，武术是在学校开展的最好的民族传统体育项目，但是一般只注重招式的简单重复教学与练习，对其文化内涵的传授远远不够。再次，师资力量良莠不齐。我国体育师资力量有巨大的城乡及地区差异。比如经济发达的北上广和经济欠发达的西

部地区的教师在学历上具有比较大的差异。第四，评价方式不全面。目前，我国高校体育教学大多都是采用总结性评价的考核等方式来评价学生，并且注重对学生的身体素质、技能水平的评价，基本没有涉及人文素养的评价。这在一定程度上也影响了大学生的人文精神的培育。

二、在民族体育教学中融入人文精神的重要性

在高校体育教学中融入人文精神是一件十分重要的事情，首先体育是人类活动中一种十分重要的现象。然而民族体育不仅仅是人类活动的一种现象，同时也是民族文化一种间接的表达形式。在民族体育活动中同时也蕴含着丰富的民族精神以及人文精神。但是要我们感到十分可惜的是，在现如今的高校中对体育教学过于注重竞技性，而忽视了体育教学中人文精神的传承，从而使民族体育运动失去了其灵魂。在高校体育活动中融入人文精神，对现如今高校体育教学来说是一件十分重要的事情。融入人文精神，在一定程度上能增加学生的国家荣辱感以及民族荣辱感。随着国外大量知识的涌入，现如今我们的学生大多数会较为崇拜国外的东西，认为国外的东西在质量上以及在制造工艺上会比我们国家更加优异，这种情况下会造成学生丧失民族集体荣誉感，对自身国家的信心也有着一定的缺失。但是在体育教学中融入人文精神最重要的一点就是能够在体育活动的教学中提高学生的国家荣誉感以及民族团结。有人会觉得现如今国外知识涌入并不算严重，尤其在体育运动中我们学习的足球、乒乓球仍然是我们国家自己所创的体育项目，又怎么会存在说崇洋媚外这种现象出现呢？其实在体育教学中融入人文精神的重要性，不仅仅体现在民族精神以及民族团结上面，更重要的一点是让国家高校人才认可自己，国家让在他们以后的工作以及生活中能够以自己国家为荣。但事实上国外知识的不断涌入，在我们国家其他领域已经造成了一种十分严重的现象，例如在乐器领域，在乐器领域中已经有一种较为严重的现象，大多数人崇尚西洋乐器，而忽视了自己国家的民族乐器。在许多学校的乐器教学中甚至取消了民族乐器这一门项目。又或者说民族乐器学习的学生少之又少。但是西洋乐器传入我们国家的时间并没有几年。就仅仅的这百来年的时间，就打断了我们国家千年乐器的传承现状。是我们国家民族乐器失去了地位。虽然说这种情况上只是在一些地区小部分的出现，但是就这种现象我们也应该引起我们的警惕与思考。如果我们再不注重在体育教学中引入人文精神的教学，是不是民族体育运动在不久之后也会面临着民族乐器一样的困境？其实在体育运动中引入民族人文精神的传承教学，在一定程度上也是为了我们国家未来的发展而考虑。像足球这项运动，它的前身是我们国家的蹴鞠。但是为什么现在出现的现象是在大型比赛上，我们国家的足球队完全没有办法获得一定

的优势，这项运动可是我们国家延续了好几千年的国民运动，为何现如今没有办法取得一定的优势？在赛场上我们可以看到国外足球运动员的身材，以及我们国家自己运动员的身材对比就能看出平时的训练量。国外的运动员一身肌肉，而我们国家运动员竟然还有肚腩，在这种对比下足以看出我们原本传承千年的足球运动为何会败给其他国家。同时我们也要明白，如果在体育教学中融入了人文精神，在一定程度上就能改变这种现状，能够提升国家运动员的民族荣辱感，提升国家荣辱感。在日常的训练中还抱着这种荣辱感进行训练，那么现在赛场上的结局可能会得到逆转。现如今我们国家足球运动的失事在一定程度上就是人文精神培养的不足，人文精神不够融入国家运动员心中，所以将这件事情运用在高校中的话，我们要注重培养高校运动员的国家荣誉感以及民族荣誉感，在日常的体育教学中也要融入民族精神，融入人文精神，才能够在一定程度上为我们国家，在未来的体育竞争提供力量。所以说在体育运动中以及体育教学中融入人文精神的教学的重要性不言而喻。

在高校体育教学中融入人文精神教学，并不仅仅只是为了提升我们国家的体育水平，更重要的是在一定程度上团结我们国家青少年的力量。为国家日后的成长做出贡献，提升国家公民的集体荣誉感。

三、如何在民族传统体育教学中进行人文精神的渗透

人文精神其实包括了很多方面，中华 5000 年的文化历史，不仅仅孕育出了多种的民族文化，更重要的是这些民族传统体育文化在一定的时间内运用他自身所特有的特性，对我们国家的发展造成了十分重大的影响。首先在体育教学中能够传递民族的友谊，因为我们国家具有很多民族，这些民族都有着自己不同的文化，但是要使我们国家团结，必须是民族凝聚在一起，这也是我们国家进行民族工作的基本国策，同样这也是能够使我们国家进行长治久安的一种保障。在民族体育教学中，要重视民族精神的传递，让不同民族的学生进行游戏，能够使他们在游戏中得到友谊，也能够让他们在较为艰苦的体育锻炼中提升民族情感。例如，在长跑接力中，可以让不同民族的学生组成一支队伍进行接力，这样在竞争中以及在长跑这种叫透支人体力的活动中能够使他们更珍惜彼此的友谊，从而这份友谊将从他们个人传递到他们的下一代，从而使我们国家的每一代不同民族都能延续这种情感。在教学中也要传承儒家以及道家的思想，儒家以及道家思想是我国根本的思想，这两种思想对我国影响十分悠久。同时这两种思想也是能够凝固我们国家多民族的一种方式。在我们国家的高校中，要在学校中开设武术项目，这些武学项目能够传承儒道精神，更重要的是能够提高学生的身体素质，以及培养学生的人文精神。在教学中也要体现团队合作的力量，团队合作其实

体现的不仅仅是一种协作精神，更重要的是他能够使学生们学会友爱，包容，以及让他们懂得责任，以及如何谅解别人。例如，学生在运动中不仅仅被运动本身所吸引，更重要的是被民族中不同的特色运动所吸引，这样子在他们的区域课堂上，不仅能够提高他们的身体素质，更重要的是能够让他们体会其他民族文化的精髓。并且在这些项目上能够培养他们的团队合作精神，学习到合作的方法策略，以及理解合作的重要性。

四、教师体育教学中如何做到民族人文精神的传承

首先，教师必须在教学中注重因材施教以及自我的展示。在民族传统的体育项目中，不仅仅只有竞技项目，他还有表演项目，这两类项目最明显的区别就是一部分是用来竞技，是能够在体育竞赛中取得成绩的，另外一种则是具有表演性质的。这两类项目的不同也决定着他们教学方式的不同，所以教师必须根据这两个项目的特性来制定不同的教学方案。其次，在教学中不仅仅是根据项目的性质，也要根据学生身体素质不同来制定自身的教学方案。例如部分学生在体能上面与其他学生相比有着一定的缺失，那么在较大运动量的项目对他来说有着一定的难度，在这个时候，对这种学生要给予充分的鼓励，以及肯定不能让他们对体育丧失信心。还有教师必须注重自身人文素养的增强。在教学中培养学生人文精神效果的优劣，很大一部分与教师息息相关。如果教师自身的人文精神素养不高，谈何给予学生人文精神素养的滋润呢。所以教师在教学中一定要体现以人为本的教学思想，在自身的人文精神素养中要进行努力的提升。而且更重要的是，教师必须转变传统的教学观念，不再盲目的进行竞技式教学，将体育课堂中的功利性抛开，更好地让学生感受到民族体育文化中的人文精神，这样子能够让学生更好地受到人文精神的滋润，以及更好的凝固民族之间的内部感情。除去教师要有自身较高的人文素养外，教师在教学目标的制定以及教学环境的营造上，也要花费一定的心思。在体育教学中如何做到人文精神的传承，这一点对教师来说十分重要，这不仅考验的是教师自身的教学功底，考验的也是教师自身的人文素养程度。高校在招聘体育老师的时候，不仅仅只是光看他们的学历，又或者是仅仅只看他们的教学经历，更重要的是要注重了解这个老师的品格以及教学方式。

大学生肩负的不仅仅是时代的重任，也肩负着历史的使命。大学生人文素养的缺失会对我国的发展造成极为重大的影响，甚至决定着我们国家的兴衰。所以在高校体育教学中必须重视从不同方面渗透人文精神的培育，只有培养较好的人文精神素养，才能够使到当代大学生更好地适应社会，和谐发展，成为国家的栋梁。

第五节　民族传统体育教学资源的开发与利用

现阶段的我国处于民族伟大复兴的重要阶段，科技飞速发展，人才竞争也日益激烈，中国的发展与民族的复兴，需要依赖于教育，人才的培养。但是我国目前教育存在观念比较落后，教学的内容与方式相对来说比较陈旧，在素质教育的推行道路中难度比较大，更是对体育教育投入不足等等一系列问题。对于我国来说接受良好教育，深化改革成为我国国民的深切盼望。而体育教育中的民族传统教育更为重要，是我华夏文明的有机组成，是中华传统文化不可或缺的部分，深化体育教学改革势在必行。

一、关于民族传统体育文化的收集

在中华民族拥有的光辉灿烂的历史文化与民族文化中，保留着很多优秀传统体育文化。中国拥有56个民族，各民族也拥有者各自的民族特色文化以及民族传统体育文化，据统计收集我国56个民族共计97个民族传统体育活动项目，其中汉族：31项、其他少数民族合计66项。随着专业研究组的不断深入了解，各个少数民族在体育项目上仍然坚持着不断发掘创新的过程中，中华民族之大，对于收集和整理民族传统体育教学资源肯定需要很久的时间以及大量的人力资源，但是这样的工作是有价值，有意义的过程，并且在收集中也要注意是否值得收取，比如，是否有技术练习、是否可以作为教学等等方面的综合考虑进行收集。体育运动是在培养人的意志以及各方面的品质，例如，收集哈萨克族的赛马、蒙古族的摔跤、土家族高脚运动、藏族押加等一系列传统体育项目，可以通过收集、融合创新与结合运用到学生体育运动力的提升当中，让学生不断增强体质健康的增进，培养学生的综合素质。

二、民族传统体育文化的开发

（一）挖掘民族底蕴，弘扬民族文化

不同的地域因当地独特习俗不同所孕育的文化、体育运动以及习俗都有所不同，我国是个多民族的国家，民族体育文化源远流长，每个民族都有着不同特色体育蕴含。民族体育就意味着丰富多彩的内容和形式独特的民族风格，民族的传统具有娱乐性、健身性、大众性。例如，哈萨克族赛马会、蒙古族的摔跤等其实是在诠释一个民族的日常生活，以及一个民族的习俗与文化所在，因此对于民族体育文化的开发可以慢一

点同时可以深入一点，这样可以使得我们更加了解地开发新的体育体验。

（二）与学校教学结合开设民族文化传承课程

现如今我们所考虑的应该是如何将民族传统体育与学生体育教学的需求通用，要试着研发出一套既适合于大学教学的资源又不破坏民族原有的特色，共同为满足学生锻炼身体的需求做出贡献，而这样的措施，既可以增强学生的竞争意识，又可以增进我国民族文化的传播和传承，所以说将民族体育带进学生生活是我们必不可少的路线，也是当代学生该学会和承担的部分。体育教学不仅是对于小孩子，它是全面的可以体现在初中、高中、甚至是大学生活中，我们要将民族体育中的精神精髓运用到体育中，而不仅仅是个空壳，不能将孩子养护在温室里，要让他们学会在草原在大山大河里也能够奔跑。

（三）增设民族文化课余体育活动及比赛

增加民族文化课是从基础让学生了解民族文化，从心底里去喜欢与向往，这样在后期的教学中可以提高学生的积极性与自主性，让学生能够主要要求学习而不是强加于学生。例如，在课余活动中增加民族体育活动，如藏族锅庄，或者组织民族传统体育的比赛，如押甲及摔跤。

三、传统文化与文化创新的结合

（一）文化传承

少数民族由于人数少，资源就少，大多数时间通过武力抢夺地盘获取食物，因此养成了争强好斗的性格。他们的体育游戏极具民族特色，以比赛为契机，让人民互相争斗很快就融入进入，十分精彩有活力。

少数民族民间运动项目抢花帽，是一种团体体育竞赛，不设定上限人数，把整体设为两个小队伍，并把两边的人分别编号，给每个人贴上号码牌，围成一个形状，在中间放上一顶帽子，另需要一个人在围成的形状外去随意说一个数字，然后对应数字的两个人从外围向中间跑，去抢那顶帽子，其余的人则要拍拍手唱民歌。在结束之前只要歌声没停，两个人可以互相争抢，歌声停止后帽子需要扣到没有抢到帽子的一方，追上了得一分，追不上的率先抢到花帽的得两分。就这样一直延续下去，同学们又唱又跳又跑动，还能在其中增进同学们的感情交流，沉浸其中别是一番风味。

提起我国最有名的民间体育活动，不得不让人想起舞龙舞狮，尤其是到过年的时候，各个地区都有类似的文化活动。经过多年以及各个地区的融合发展，舞龙中夹杂了许多舞蹈元素，非常活泼又不失异域风情。龙是中华民族的信仰，几千年来，作为中华民族的图腾遭受众人信奉，我们也被称为龙的传人。龙王主管风雨，而我们古代主要以农耕为主，因此古代人希望通过舞龙来寻求风调雨顺，在南方的一些村落至今还保留着游龙穿巷子的习俗，比如板凳龙，谁能摸到龙头来年必定顺顺利利，表演的花样越来越多，时而直冲云霄，时而龙头探珠。在学校的运动会闭幕式或者开幕式上经常会出现，人们希望它能带来吉祥安康，以及一些重大的节日也会出现，并且慢慢地流传到了海外。

（二）文化创新进课堂

现在在许多大学课程中也出现了舞龙舞狮，有些体育专业的学生，专门学习这一技能并作为特色频频出现在各大媒体报道的镜头中。在舞龙课程中学生们经常跑动，身体素质不断提高，由于舞龙比较灵活，对同学们的灵敏度提高也有一定帮助。

大学生活中的院系之争，以运动会最为显著，而每一个学院都会发展自己的特色表演，在开幕式上争光夺彩，腰鼓等等打击乐则必不可少。当然，对于这种原本属于民间娱乐的活动需要对其进行改良和创新，主要是想开发结合学生自身的体育课程，在保留其娱乐性和趣味性的同时，达到锻炼身体的效果，又能让学生们学到一项技能，暨安全又能促进同学心灵健康发展，对保留民族传统文化有深远的影响，使特色的体育课程屹立于民族之林。

还有一种体育活动是在农村产生和发展的，受到了广大同学的热烈推崇。为了推进城乡融合发展，让城市里的孩子了解农村的体育文化，全国各地共同发展，我们的体育课程融入了乡村体育。滚铁环和丢沙包等可以说是它们的代表之作了，而我们不知道的是，滚铁环非常具有民族特色，它是少数民族满族的一项体育运动。基于当地木桶的使用，并多用铁环固定，数量多了，就容易搁置在那，造成资源浪费，这时候教师就想寓教于乐，鼓励大家把家里闲置的铁环拿到课堂上，并组织相关比赛，同学们对于新奇的事物总是抱着极大的兴趣，受到了广大同学的喜爱。它出现的原因是为了缓解长跑的枯燥，但又想锻炼同学们的耐力，尝试性地引入铁环运动，铁环的响声，让日常训练不再那么无趣，同学们兴趣提高了，能力也就提高了。以至于后来的体育运动都强调游戏性和趣味性，这也就是趣味运动的来源。

随着社会的发展，如大力碰碰球、亲子足球、太极的新型式体育活动的出现，来自乡村的体育文化也快被遗忘了，如踢毽子、抽陀螺、丢手帕、斗鸡等，有的只有我们爷爷那辈人才知道，所以我们倡议同学们向爷爷奶奶询问年轻时的体育活动项目，做成调查问卷，带回到学校进行交流，并逐步引入课堂。乡村体育文化的引入，符合教育思想和体育发展理念，把日常生活中的游戏转化为一门课程，不仅促进了全民健身，更体现了传统文化与体育运动的结合，技能的快速掌握是我们创新成果的体现。

传统文化与创新相结合，定能使体育教学资源的开发取得飞跃性的发展。

民族传统体育文化资源的开发，是发展中国特色体育教育的重要组成部分，但是并不是所有的民族传统体育文化就适用于所有人，我们要学会取其精华，去其糟粕，让其变成适合于大众的新体育形式，将传统体育加以科学改造，并将其融入体育教学之中，达到学生追求的流行与时尚又可以提高学生的健康水平和身体素质。开发资源在一定程度上可以提高民族体育文化的知名度，也会促进各民族文化的交流，形成中国特色体育文化。

第六节　国际化人才培养下民族传统体育教学

高等教育国际化就是加强国际交流与合作，提高我国教育国际化水平。不仅培养大批具有国际视野、通晓国际规则、能够参与国际事务和国际竞争的国际化人才，还应该具备理解和运用我国丰富的民族文化的能力。由此可见，民族文化对国际化人才培养的重要作用。这也符合新世纪高素质的综合性人才(KAQ)的培养要求。

中国民族传统体育文化有极其丰富的人文科学内涵和底蕴，它是世界体育文化中不可缺少的部分。在国际上影响深远，如俄罗斯普京的少林寺之行，世界热映的中国元素美国电影《功夫熊猫》等，很多外国人是通过了解中国传统体育来了解中国和中国文化的。以培养"高素质"的国际化人才为目标，就是需要强调文化素质的培养。中国民族传统体育不仅能实现体育教学的共性目的，而且还能将体育与文化相结合，使体育成为一个载体，学生在增强体质和学习体育技能及培养体育精神的同时，又能受到中国传统体育文化的教育。学生对中国传统文化越有深刻的理解，那么对中国的文化就更会敬仰和自豪，将更加自信的投入国际活动中。成为高素质的国际化人才。该研究丰富了体育教学改革的理念，有助于开阔民族传统体育研究的视野，对中国民族传统体育的传承、保留与发展，对培育全面而具有高度民族认同感的国际化人才，从而达到提高我国民族传统体育国际化传播的目的具有现实意义。

一、民族传统体育教育存在的不足

虽然民族传统体育教学在高校开展取得了一定的成效，但是传统的以技能传习为核心的教学模式，已不能满足培养适应国际化社会发展人才的需要。目前，民族传统体育教育主要存在以下问题。

（一）在目标培养定位上没有紧跟时代步伐

目标应该跟随时代发展的脚步，不断更新变化。从研究成果来看，我国高校民族传统体育培养目标正在经历着由单一技能目标逐渐转化为技能、知识、文化等多元目标培养过程。但是面对快速全球化的国际竞争环境，面对国际人才培养战略的迫切需求，留学生规模的日益增加，国际化人才培养目标却仍没有运用到民族传统体育目标培养中来。

（二）以技能实践为主，忽视传统文化知识的教育

在西方竞技体育影响下，绝大部分高校民族传统体育课程是将其作为一项竞技体育项目或一种健身手段开展，注重动作技能的传授。目前在实际教学中，教学内容与学生学习的期望值有较大的差距。教师过分强调运动负荷的控制和运动技术的精雕细刻，却没有让学生领悟其丰富的内涵，没有挖掘民族传统体育与哲学、艺术、礼仪等等的联系。课程考试是以能否比较规范地完成一套动作为标准，更多地关注运动技能的传授和身体素质的提高，而其深层的传统文化内涵很少有教师向学生传授，导致了民族传统体育对传统文化的传承价值和意义正在逐渐消亡丧失。

（三）"填鸭式"教学方法，不利于民族传统体育传承与传播

民族传统体育教学方法大都是以教师为主体的"填鸭式"教学模式。教师按固定套路按部就班教，学生被动模仿话和重复练习，每节课教学模式不变，造成学生前两节课有新鲜感，第三节课开始厌倦。每年按照教学大纲规定的几个套路，教师既不能发挥自身的特长，也没有调动学生主动学习的积极性，学生只会做动作，却不理解其动作的内涵和价值。整个教学过程呆板、气氛沉闷，没有发挥学生主动性和创造性。在教学手段安排上忽视学生个性发展的需要，制约了学生的爱好、兴趣和潜力的发挥，磨灭了学生原有对传统体育的崇敬之情。

二、民族传统体育教学改革路径

在民族传统体育教学中应提倡"技能传授与文化传承"并重的指导思想，要摒弃单一的追求竞技的教学观念。无论是课程目标的确立、内容的选择，还是教学方法和评价方法的采用，都应该以文化传承为核心，以此实现立德、育人、树人的功能，更好地继承和发展这优秀的传统文化。

（一）确定教学目标

从培养学生学习民族传统体育的兴趣入手，拓展民族传统体育内容与形式，改革教学方法和手段，提高学生的身体素质，培养学生终身锻炼的习惯；通过课程的学习，

弘扬民族传统体育文化，充分发挥民族传统体育在高校素质教育中的积极作用，营造民族传统体育文化氛围，提升学生对中华文化的高度认同感、归属感、责任感和使命感，促进校园民族传统文化建设；把学生培养成既了解深厚的中国民族传统文化，又能适应现代社会发展的国际化应用人才。

（二）改革内容

1. 确定教学内容

在以民族传统体育项目作为体育教学的主要内容时，认真吸取现代体育项目、西方体育项目在体育教学中的成熟经验，并融会渗透到新的课程体系中，使学生获得全面的体育教育，包括体能的训练、身体素质的提高，符合大学年龄段学生的体质与技能要求。学生通过学习掌握体育技能、了解传统文化，增强学生的体质。如实践课：长拳、太极拳、八段锦、身体素质等；理论课：民族传统体育的健身理念；民族传统体育的精神与道德；对东西方文化体育的不同文化、不同理念进行比较；重点是让学生了解我国民族传统体育的文化内涵和价值；建立教学实践基地，实地考察和亲身体验中国传统武术文化。

2. 改革授课形式

理论与实践结合。着力构建能力本位的开放式、立体化"知行合一"的实践教学体系。在课程体系等的指导下，通过体育文化节太极拳比赛、各类武术和太极拳表演、民族传统体育知识竞赛、外出实地考察、讨论、总结等系列活动，把民族传统体育课程建设与校园文化品牌建设相结合，把国学经典融入校园文化建设和学生活动中去，促使大学生体悟国学精神、提升人生境界，从广度与深度上弘扬国学文化。

在理论课教学方面，将体育理论教学有机的与实践教学相结合，如突破原有的单独设置课堂理论教学课时的做法，一方面保持少量的理论教学课时；另一方面在实践课教学时充实理论内涵，使之有机结合；聘请校内外专家开展课余传统体育文化讲座；利用体育文化节开展民族传统体育知识竞赛；外出实地考察、讨论、总结。

创新课堂教学手段。实践教学主要采用集体授课、分组练习等教学方式。在教学中多以直观教学方法为主，辅以生动形象地讲解和多媒体视频教学提高教学效果。对于复杂的动作技术的学习，则采用启发式教学方法，引发学生积极思考，培养他们发现问题、分析问题和解决问题的能力。采用分组练习形式，选拔学习能力强、技术动作的好的学生担任组长，由组长带领组员练习，并相互纠错，以更快掌握技能。

建立民族传统体育课程网站，将教学内容、视频课件、体育文化知识、体育竞技、考核要求、师生互动等作为网站学习内容，此外利用大屏幕展示课件，辅助教学等等。

利用现代教育技术手段。民族传统体育课程要注重恰当、充分地使用现代信息技术手段促进教学活动的展开，形成多种有效的教学方法互补运用，除了传统的讲授法，还要把图画、录像、影视片段等与课程教学结合起来，使教学内容变得丰富而直观，增强趣味性。

（三）建立教学评价体系

采用多元的考核评价方式，采取课堂表现评价、小组探究性教学活动和实践教学活动相结合的方式进行，注重学生应用能力的考察。评价内容包括运动技能、身体素质、理论知识、平时成绩。对技能评价采用教考分离考试制度，有利于教学考核的公平、公正；有利于教学评价的科学、有效。身体素质采用传统的评定方法，并通过《国家学生体质健康标准》指标来评价学生生理机能状况；民族传统体育文化、民族传统健身理念等方面的文化知识评价，要充分发挥学生的主观能动性，鼓励创新，组织他们讨论和评比，评比采用自评、互评、教师给分的过程考核方式。课后教师进行总结，对每个小组完成的情况都作以评价。平时成绩主要考查学生积极参与课外关于民族传统体育等文化活动的情况。

在高校走国际化背景下，中国传统文化在学校日趋淡化的今天，高校民族体育教育改革势在必行。民族传统体育既要在教学中树立增强体质、健康第一的理念，又要在民族传统体育教学过程中坚守弘扬传统文化的理念。但是，在教学过程中如何弘扬与传承民族传统文化，这就需要我们广大的体育教育工作者在教学内容、教学方式、教学评价、教学科研等各个方面不断努力，进行更深入的研究和探索，谋求高校民族传统体育教育的良好发展。

参考文献

[1] 曲宗湖，杨文轩. 学校体育教学探究 [M]. 北京：人民体育出版社 .2000.

[2] 李元伟. 科技与体育—关于新世纪体育科学技术发展问题 [J]. 中国体育科技，2002，38(6)：3-8，19.

[3] 徐本立. 运动训练学 [M]. 济南：山东教育出版社，1990：228.

[4] 王智慧，王国艳. 体育科技与体育伦理辨析 [J]. 体育文化导刊，2016(6)：146-148.

[5] 曹庆雷，李小兰. 前沿科技与体育 [J]. 山东体育科技，2004，26(1)：37-38.

[6] 董传升. "科技奥运"的困境与消解 [M]. 沈阳：东北大学出版社，2004：15.

[7] 张朋，阿英嘎. 科技与体育的对话—利弊述评 [J]. 福建体育科技，2015，34(4)：1-3.

[8] 谢丽. 从奥运会比赛成绩看运动器材的变化 [J]. 体育文史 (北京)，2000(4)：52-53.

[9] 杜利军. 奥林匹克运动与现代科学技术 [J]. 中国体育科技，2001(3)：6.

[10] 于涛. 从哲学角度再认识身体对揭示体育本质的意义 [J]. 上海体育学院学报，2008 (3)：18-20.

[11] 张洪潭. 体育的概念、术语、定义之解说立论 [J]. 西安体育学院学报，2006 (4)：1-6.

[12] 张庭华. 走出体育语言——从语言学界的共识看媒体体育语言现象 [J]. 体育文化导刊，2007 (7)：50-53.

[13] 黄聚云. 从哲学角度再认识身体对揭示体育本质的意义 [J].2008 (1)：1-8.

[14] 爱德华·萨丕尔. 语言论 [M]. 北京：商务印书馆，1985.

[15] 于涛. 体育哲学研究 [M]. 北京：北京体育大学出版社，2009.

[16] 董文秀. 体育英语 [M]. 北京：人民体育出版社，2009.

[17] 伊恩·罗伯逊. 社会学 (下) [M]. 北京：商务印书馆，1991：719.

[18] 汪寿松. 论城市文化与城市文化建设 [J]. 南方论丛，2006 (3)：101.

[19]R.E. 帕克. 城市社会学 [M]. 北京：华夏出版社，1987：41，154.

[20] 乔尔.科特金.全球城市史 [M].北京：社会科学文献出版社，2006：3.

[21] 卢元镇.体育社会学 [M].北京：高等教育出版社，2001：211.

[22] 乔治.维加雷洛.从古老的游戏到体育表演 [M].北京：中国人民大学出版社，2007：107.

[23] 王祥荣.生态与环境——生态可持续发展与生态环境调控新论 [M].南京：东南大学出版社，2000：55.

[24] 郑杭生.体育学概论新编 [M].北京：中国人民大学出版社，1987：345.

[25] 周爱光.体育本质的逻辑学思考 [J].武汉体育学院学报，1999(2)：19-21.

[26] 熊斗寅."体育"概念的整体性与本土化思考：兼与韩丹等同志商榷 [J].体育与科学，2004(2)：8-12.

[27] 王春燕，潘绍伟.体育为何而存在：20世纪80年代以来我国体育本质研究综述 [J].体育文化导刊，2006(7)：46-48.

[28] 宋震昊."体育"本体论（二）：体育概念批判 [J].南京体育学院学报：社会科学版，2006(3)：1-6.

[29] 胡科，虞重干.真义体育的体育争议 [J].南京体育学院学报：社会科学版，2010(4)：59-62.

[30] 张军献.寻找虚无上位概念：中国体育本质探索的症结 [J].体育学刊，2010(2)：1-7.